KB062854

생애처음

주식보다 쉬운 암호화폐 투자법

비트코인

홍지윤 지음

BOOK STAR

들어가는 말

150만 원으로 9개월 동안 투자해서 ○억 만들었습니다

여러분 우리 솔직해집시다. 주변에서 비트코인 대박 난 소리 많이 들으니 쉽게 돈 벌고 싶어서 이 책을 펼쳐보셨죠?

저도 여러분께 솔직하게 말할게요. 책 앞 부제는 "150만 원으로 1억 벌기"지만… 사실 150만 원으로 7억 원을 벌었습니다. 따라서 필자의 경험이 녹아 있는 비트코인 투자 메커니즘만 잘 알면 주식보다 좀 더 빠르게 수익을 얻을 수 있을 겁니다.

여러분, 1억 원을 만들기 위해 매월 100만 원 저축해도 8년 걸립니다. 근데 그 1억으로 집 산다구요? 턱도 없습니다. 이제 점점 수저 색깔을 바꾸기 힘든 시대가 도래하고 있습니다. 평생 돈의 노예가 되어 살아가야 할까요?

- 알바하고 있는데 반말 찍찍! 맞닥뜨리기 싫은 손님에게 갑질당해본 경험
- CCTV를 보면서 나를 아바타처럼 조종하고 일거수일투족을 감시하는 사장님
- 일은 힘든데 시급은 최저임금을 지켜 주지 않는 사장님
- '라떼는 말이야'며 과거 경험만 중시해 세대 차이를 무시하는 직장 상사
- '까라면 까'식의 상명하복을 강요하는 내 사수
- 아직 아무것도 모르는 열정 많은 청년 프리랜서라는 이유로 열정 페이 시키는 공무원
- '너 이번에 나 도와주면 주변에 사람들에게 많이 홍보해 줄게'라며 말도 안 되는 갑질을 일삼는 클라이언트님

현재 정해진 미래의 진로가 없거나, 내 어깨 위에 빚이 많으면 이런 설움들을 전혀 대항 못 하고 당할 수밖에 없습니다.

필자도 당해 봤기 때문에 똑같은 전철을 밟게 하기 싫어서 이 책을 썼습니다. 이 책을 읽고 이제 위와 같은 일들을 절대 당하지 맙시다. 우리도 속 시원하게 할 말은 하고 살아야 하지 않겠습니까?

좋은 말 잘 들었습니다. 그러면 투자하려면 돈이 많이 필요한가요?

따로 투자금이 없어도 됩니다. 실생활의 소비 습관을 줄이는 것으로 충분히 투자금을 모을 수 있습니다. 따라서 이 책은 부자들이 투자하는 투자의 정석 책이 아니라, 가난한 사람이 가진 피 같은 돈을 어떻게 하면 안전하고 심리적인 압박감 없이 투자를 할 수 있도록 도와주는 투자 지침서라고 할 수 있습니다. 입문자들을 위해 매우 쉽게 집필했으니 꼭 읽어 보시길 바랍니다.

PART 4 아싸! 대박 났다!! ···················· 183

PART 1

> ❝

내가 처했던 상황들

생애처음 비트코인

내가 처했던 상황들

" 내 인생의 롤 모델이자
나만의 경쟁자였던 첫사랑의 기억

내 인생의 롤 모델이자 나만의 경쟁자였던 첫사랑의 기억이 있다. 내가 15세 한창 사춘기를 겪고 있던 그 시기에 첫사랑을 봤다. 학원에서 여름방학 캠프를 갔을 때였다. 간단한 오리엔테이션을 진행하고 있었는데, 노을 지는 시간에 그 친구가 두 손으로 생수를 마시던 그 모습에 반해서 약 6년 동안 쫓아다녔다. 두 번 정도 대시를 했었고 그때마다 그 친구가 나를 거절했던 것으로 기억한다. 그 이후 친구의 친구를 통해서 "웬만하면 사귀겠는데, 상태가 별로라서 못 사귀겠다"라고 말했다는 얘기를 들었다. 그때 당시 상당히 충격을 받았다. 대개 사람이 한 사람을 짝사랑하다 상처를 받으면 여러 가지 방법으로 이겨낸다. 아픈 기억으로 잊거나, 복수를 하거나, 나 자신이 변하게 되는 것인데, 나는 여기서 자신이 변하는 것을 택했다.

그 첫사랑이 활발히 활동하는 것을 보고, 그 친구를 이기기 위해 동아리를 만들어서 게임대회를 열었다. 그 친구가 좋은 대학에 가려는 것을 들었을 땐 대학교에 갈 생각 없던 내 마음에 대입 열정의 불을 지폈다. 그때부터 혼자 밤 9시까지 남아서 중학교 2학년 영어책을 다시 펼쳐서 공부했고, 수시전형으로 울산대학교에 입학했다. 대학교 재학 땐 그 친구가 영국으로 유학을 가고 대외활동을 하는 것을 보며, 나는 학생회장에 출마하거나 보따리 장사를 하기도 했다. 그 친구보다 더 열심히 살고 싶었을 뿐이지만 지금 와서 생각해 보면 이런 능동적인 마음을 갖게 해줘서 한편으로는 고맙기도 했다.

그러던 어느 날 그 친구는 LG에 인턴사원으로 갔다가 대뜸 LG에 취업하게 되었다. 나는 그때 충격을 받았다. 그 친구는 20대 중반

PART 1 내가 처했던 상황들

젊은 나이에 벌써 대기업에 취업해서 승승장구할 텐데, 나는 아직
도 내 꿈이 뭔지 모르고 그저 그 친구를 이기는 것에 급급하여 따라
가기만 하는 느낌이 들었기 때문이다. 얼마 후 나는 버스비만 들고
무작정 서울에 상경하였다. 서울 남대문 지하도에서 며칠간 노숙하
며 알바몬으로 일일 알바를 구하며 여러 가지 일을 하게 되었다. 재
수학원 호객 알바, 생동성 시험 알바, 경호원 알바, 고속버스 톨게이
트 알바, 약품 제작업체 알바, 엑스트라 알바 등등. 같은 서울 하늘
공기를 마시면서 그 친구는 대기업에서 치열하게 꿈을 좇아갔고,
나는 바닥에서 치열하게 꿈을 찾아가기 위해 노력했다.

　어느 날 특별한 계기가 나를 찾아오게 되었다. 신촌에 있는 한 재
수학원에 새벽 청소 알바를 하러 가는 길이었다. 그때 할머니가 지
하철역 입구에서 며칠이나 지난 눅눅한 빵과 떡을 팔고 있었는데
사라는 말은 없이 그냥 사람들 눈만 보고 있었다. 나는 그때 우리
할머니가 생각나 할머니에게 대뜸 물어봤다.

"할머니 그거 다 팔면 뭐하실 거예요?"

"우리 손주들 피자 한 판 사주려고…."

그 말을 듣고 그때 1차 충격을 받았다. 전 세계 10대 도시이며 대한민국 최고의 도시인 서울에서 이때까지 아르바이트를 하면서 서민들의 삶이 참 고달프다는 걸 느꼈다. 최고의 도시 이면에는 힘든 서민들이 존재했고 누구나 행복하게 살 수 없다는 것을 알고는 있었지만 이렇게 갑자기 와닿을 줄이야.

재수학원 새벽 청소 알바를 하러 갔을 때 우연히 한 재수생이 남긴 글귀를 보았다.

"누구도 가보지 못한 길, 내가 그 길을 걷는다면 길을 만들어서 가라."

이 글로 인해 2차 충격을 받았다. 수많은 알바를 했던 것들이 갑자기 오버랩되면서 필자가 서울에 와서 하고 싶은 일이 무엇이었는지 어렴풋이 생각났다.

"사람들을 행복하게 해줄 수 있는 일을 하자!"

며칠 뒤 나는 곧장 짐을 싸 들고 내려와 그때부터 사람들을 행복하게 해줄 수 있는 일을 찾으며 문화기획자의 삶을 시작하게 되었다.

" 축제 기획 뒤에 숨겨진 찬밥

　누구에게나 처음은 존재한다. 나라를 이끄는 대통령도 정치와 행정을 처음 하던 시절이 있고, 학생들에게 가르침을 주는 교사도 처음 교육하던 때가 있었다.

　문화기획자로 처음 출발했던 때, 지역에서 하고 싶은 꿈과 목표는 많았다. 내가 사는 고장을 행복한 도시로 만들고 싶고, 나아가 선한 영향력을 지역사회에 발휘하고 싶었던, 때 묻지 않은 꿈과 목표들. 하지만 이 직업을 선택하고 사회에 첫발을 내딛는 순간 나는 야생에 버려진 한 마리의 어린 사슴과도 같았다.

　지역사회에서 기획 좀 해봤다는 어른들이며 공무원들을 만날 때마다 언제나 나에게 이런 식으로 물었다.

　"지윤 씨는 기획 좀 해봤어요? 여기는 기획해 본 적 없는 사람들은 들어올 수 있는 곳이 아니에요."

　당황스러웠다. '아니, 나에게 기획을 할 수 있는 기회를 아무도 주지 않는데, 어떻게 기획을 해 봤냐고 물어볼까?' 내 경력과 스펙을 그들이 만들어 주지 못할 거면 그런 말 자체를 안 하는 것이 도움이 된다는 생각이 들었다. 그런 경력과 스펙이 없는 내게 돌아온 것은 극단적인 무페이의 경험 학습이었다. 지금 생각해 보면 피와 살이 떨어져 나갈 것 같은 많은 고통은 주로 이 시기에 형성되었다.

　살면서 가장 행복했던 순간과 힘들었던 순간을 뽑자면 내 생에 첫 축제를 만들었을 때다. 지역에서 기획을 해 봤다는 어른과 공무원은 기획에 대한 아무런 경험도 없는 내가 이런 축제를 만든다는 것에 대해서 당연히 부정적으로 봤다. 그들의 입장에서 생각해 보면 이해는 갔다. 대학생 끝물인 나와 축제를 한 번도 만들어 본 적 없는 대학생들이 모여서 축제를 만든다? 경험 없는 놈들끼리 모여서 방구석(?) 축제를 만든다는 것이 참 웃긴 일일 수도 있겠다고 생각했다. 그렇지만 세 가지 측면에서 분노가 일었다.

첫 번째는 지역에 거주하는 청년들이 지역사회에서 작은 축제를 만들어 보겠다고 열정을 가지고 뭉쳤는데, 지역 선배들이 도움을 주지 않고 강 건너 불구경 식으로 "너네 얼마나 잘하는지 보자"라고 방관하는 것은 지역사회 선배가 할 일이 아니다. 지역 선배들도 기획을 맨 처음 시작했을 때가 있었을 텐데 그땐 어떻게 살아왔는지 되묻고 싶었다.

두 번째는 지역에서 문화기획자로 성공하기에는 매우 어려운 일이라는 것이다. '물총 축제'를 처음 만들 당시 내 수중에 돈은 없었고 기획서와 명함 하나만 들고 지역의 여러 구청을 돌아다니며 '물총 축제'를 만들자고 설득했다. 경력과 연줄이 없는 나에겐 역부족일 수밖에 없었다. 심지어는 피땀 흘려 만들었던 기획서를 죄다 쓰레기통에 버리는가 하면, "축제니깐 문화예술 쪽으로 가세요."라고 말을 하기에 문화예술과로 갔더니 "시내에서 하니깐 경제일자리과로 가세요."라고 말을 해서 경제일자리로 갔고, 그곳에서는 축제니깐 문화예술과로 가라고 하면서 지독한 핑퐁 게임을 벌이며 구청 밖 야생으로 다시 떠밀었다.

세 번째는 지역사회에서 나름(?) 적은 예산으로 축제를 크게 성공시켜 보니 현자 타임[1]이 찾아왔다. 구청과 시청에서 어마어마한 예산을 받으면서 거대한 축제를 만드는 선배 기획자들은 옆 동네 차량까지 전부 조사해서 축제에 몇십만 명이 왔다고 언론에 올린다. 하지만 정작 시민들은 지역사회 축제를 죄다 어마어마한 돈으로 연예인 몇 명 부르고 불꽃만 빵빵 쏘면 끝이라고 보고 있다. 축제 안에 축제를 대표할 수 있는 콘텐츠가 100% 중에 20%밖에 없는 축제들. 이런 축제들이 전국에 매우 수두룩한데 과연 축제라고 할 수 있을까? 재미없는 것에 돈을 쓰는 관공서와 기획자들의 현실에 현자 타임이 찾아온 것이다.

---

1) 현실 자각 타임으로 평소 어떤 일에 몰두를 했다가 허무하게 끝이 났을 때 쓰는 신조어

❝ 인생에서 축제는 단맛과 쓴맛을 준 존재이다.

　필자를 믿고 열심히 축제를 기획하는 스태프들을 보니 오기가 생겨 러닝앤캐시(가명)와 3성카드(가명)에서 3,000만 원 찬조(?)를 내어 축제를 만들었다. 당시 필자가 만들었던 축제는 같은 날 큰 예산으로 만든 축제들이 뒷전으로 밀려 나갈 정도로 어마어마한 메가 이슈로 자리 잡았다. 그날 이후 나는 우리 지역에서 떠오르는 신예 스타 기획자(?)가 되었다. 내 기획서를 쓰레기통에 버리고 지독한 펑풍 게임을 했던 지자체들과 "경험도 없는 놈이 축제한다고?"라고 수군대던 사람들에게 기똥찬 한 방을 날려 속이 시원했다.

　하지만 또 다른 문제에 부닥쳤다. 바로 돈 문제였다. 금융에 대해서 문외한이었던 당시, '대출'이라는 단어를 생각하니 CF에서 보았던 러닝앤캐시와 땅콩 머니들이 생각나서 그 대출을 이용하게 되었다. CF에 현혹되어 30~35%의 높은 이자의 3, 4금융에 빚을 지게 되니, 갚을 수 있는 능력이 있음에도 1, 2금융의 대출이 반려되었고 그때부터 6여 년간의 지루한 악성 채무와의 투쟁이 시작되었다. 지금도 가끔 그때를 생각해 보면 내 삶의 원동력 중 하나가 빚이었다. 일하는 직원 한 명을 고용하게 되면 매달 나가는 돈이 있으니 그 친구를 고용하는 순간 나는 또 빚을 더 내야 한다는 생각이 들었다. 그래서 난 빚을 갚고 싶다는 일념으로 수년 동안 혼자서 3명의 역할을 다 했다. 아침 10시부터 저녁 전까지 사람들을 만나 아이템 회의를 진행하면, 저녁엔 회의 내용을 바탕으로 서류와 씨름해야 했다. 한 명이 3명 역할을 해야 하니 아파도 일을 해야 했고, 자고 싶어도 일을 해야 했다. 남들은 휴일을 즐기면서 인스타그램에 열심히 잘 놀고 있다는 것을 올리는데, 나는 그런 것을 올릴 수 있는 여유가 많이 없었다. 아니 쉴 수 없었다는 것이 맞는 말인 것 같다. 나에게 쉬는 날은 추석과 설날뿐이었으니 말이다.

혹시나 내가 일을 주는 사람들에게 잘못 보일까 봐 페이스북에 글도 함부로 쓰지 못했다. 지금도 '을'이지만 그때 당시엔 완전 충성스러운 '을'의 역할을 하고 있었다. 싫어도 싫은 척 안 하고 그저 흐흐 웃기만 하고, 나에 대해 뒤에서 욕을 해대며 씹는 사람들 앞에서도 어깨를 주무르며….

"히히히… 국장님 잘 지내시죠? 여기서 이렇게 뵈니 참 오랜만입니다."라고 넉살스러운 연기를 하면서 지냈다. 갑질을 당해도 난 철저히 '을'이 되어 행사했다.

조선 시대 노비가 자기 뺨을 때리는 것처럼 갑질을 당할 때마다 오히려 나 자신을 학대해 가며 행동했다. 문득 조선 시대 개망나니인 척하면서 철저한 '정치적 을'을 자처했던 흥선대원군이 생각나기도 했다. "빚도 재산이다."라는 웃긴 소리가 왜 나왔겠나? 나에게 빚은 내 처절한 삶에서 살아남기 위한 발버둥이었으며, 그것을 갚는 것이 하나의 목표였다.

돈이 돈을 낳듯 빛이 빛을 낳았던 시절

CF에 당근 과장이 나오고 땅콩들이 나오는 머니 광고, 당근 과장님과 엉뚱한 로봇이 나와서 쉽고 빠르게 대출해 준다고 하니, 그 광고는 20대인 나에게 먹혀들기에 충분했다. 그리고 당연히 은행권 대출은 빌리기 매우 어렵고, 한두 달 걸릴 정도로 느릴 것이라고 생각했다. 하지만 CF에서 은행보다 쉽고 빠르게 대출해 준다고 하니, 바보같이 보이겠지만 당시 나는 믿을 수밖에 없었다. 뒤늦은 뼈저린 반성은 덤으로 막대한 대출금을 가지게 되었고, 축제 이후 여기저기서 돈 달라고 하는 행사 임대 업체들과 아티스트들의 압박을 겪으며 그때부터 밤새도록 알바를 뛰며 악착같이 돈을 마련했다.

매달 고정비 포함 300만 원씩 갚아야 하는 악조건 속에서도 SNS에서는 행복하게 잘사는 척을 오지게(?) 해야 하는 것이 참으로 어려웠다. 겉으로는 청년 콘텐츠로 기획 잘하는 청년, 속으로는 돈이 없어서 나를 따르는 동생들에게 벌벌 떨며 싸구려 밥 사주는 노동 착취인, 그 이상도 그 이하도 아니었다.

아무리 일해도 못 갚는 돈을 카드 대출 돌려막기를 통해 현상 유지를 시도했다. 결국에 돈을 갚지 못하여 신용카드가 연체되니 하루에 대출 관련 전화가 30통 넘게 오는 일이 발생하였다. 대출 상담사에게 전화가 오면 얘기하는 레퍼토리를 다 외우게 될 정도였다. 대한민국에 있는 거의 모든 대출 업체의 상담사와 통화를 할 정도여서 지금 당장 대출 업체에 취업해도 말발로 내가 에이스로 뛸 수 있겠다는 생각도 들었다. 또 한편으로는 30통 넘는 전화 소리가 나에게는 "언젠가는 내 장기가 한쪽이 돈 때문에 뜯겨나가겠구나."라는 소리로 들리기도 했다. 남들이 한 번도 겪어 보지 못한 인생 끝물의 경험을 한번 해보니 참 무서웠다. 사람이 같은 말을 한 달 동안 반복해서 듣다 보면 세뇌가 된다는 걸 느꼈다.

그 대출 이자를 갚기 위해 또다시 대출 돌려막기를 했고, 대출을 돌려막고 돌려막다 보니 지인들에게까지 돈을 빌리게 되었다. 지금 생각해 보면 참 부끄럽다. 한두 번 봤던 사람에게까지 갑자기 뜬금없이 전화해서 돈 좀 빌려달라는 말을 내가 어떻게 했을까? 돈을 안 빌려줄 거란 걸 당연히 알고 있었는데도 실낱같은 희망을 위해서 그런 얘기들을 했던 것이 참 많았다. 심지어 자원봉사자들에게까지 돈 빌려달라고 얘기했던 걸 생각하면, 아직도 제일 부끄럽고 잠을 잘 때마다 한 번씩 이불킥을 날린다. 나를 도와준 착한 자원봉사자들에게까지 돈을 빌려달라고 얘기했다. 그 친구들이 무슨 잘못을 했다고 내 삶의 짐까지 봉사를 해달라고 요청해야 할까? 그 당시 내가 참 처절하게 살았었고 그 처절함이 지금 와서는 부끄럽고 병신 같았다.

그렇게 열심히 살던 나에게 또다시 엄청난 시련이 왔다. 내가 코로나와 코인 사기, 대출 사기, 지인 사기까지 당하고, 통장이 막히고, 여러 가지 악재가 다 겹쳐서 매우 힘든 시절을 겪었다. 그 당시 나는 대출금을 갚지 못해 이제 내가 하는 이 직업도 내려놓을까 하는 생각을 하고 있었던 시기였다. 하물며 우리 지역에서 어떤 기획자가 자살했다는 소식을 들으면서 나도 한편으론 "저 기획자도 자살했는데 나도 자살하는 게 뭐가 힘들겠어?" 하는 생각이 들었다. 그것이 자살을 싫어하는 내 마음 한편을 설득시키고, 점점 정당화

시키며 지배해 갔다. 하루는 "내가 어디서 자살을 해야 내 시체가 더럽지 않게 온전히 보전되고 화장을 치를 수 있을까…" 하고 생각하며 바다에서 할지 산에서 할지 생각하기도 했다. 자살하는 방법과 자살 뉴스 기사를 보면서 자살에 대한 유형을 분석하고 최대한 안 아프게 갈 방법을 구상했다. 그러면서 내 수중에 남은 돈을 현찰로 바꿔서 내 시체를 보는 사람들에게 미안하니 밥 한 끼 하시라고 흰 봉투에 넣어 놓으려고도 생각했다.

내 동생이 참 고맙고 고맙다. 제일 힘들 때 가족밖에 기댈 사람이 없다는 게 이런 얘기인 거 같다. 온통 내 머릿속에 자살을 생각하던 그 시절 내 동생에게 상황을 설명하고 도움을 청했다. 그때 내 동생은 참 고맙게도 흔쾌히 도와주겠다고 얘기를 하며, 자살하려는 그때 내 상황을 완전 반전시켰다.

"그래! 내가 마! 죽게 되면 내 동생 돈을 못 갚게 되니 이왕 이렇게 된 거 다시 한번 열심히 살아보자."

『』 내가 살면서 돈 때문에 겪었던 비참했던 순간

'물총 축제'를 기획하고, 축제가 진행되는 날 당시 엄청나게 많은 사람이 와서 축제를 즐겼다. 자원봉사자들은 자기 자신이 만든 기획 아이템이 축제에 녹아들어 사람들이 행복하게 축제를 즐기는 모습을 보며 보람을 느끼던 중이었다. 축제를 이끌었던 나를 우러러

보는(?) 것도 있었고 이 직업이 꿈이 되기도 했다. 축제가 끝난 후 뒤풀이가 돌아왔다. 우리 축제를 만드는 데 여러 힘을 써준 자원봉사자 친구들과 다 같이 밥 한잔(?)을 하고 있었던 때였다. 그땐 유난히 많은 술과 음식을 먹었던 것으로 기억한다. 밥 한잔 대접하고 난 후 카드를 긁었는데, 한도 초과라는 말을 들었다.

"헐? 이럴 리 없는데? 아니 왜!?" 하며 웃으며 태연히 점원에게 "이전 카드는 사업비 카드라서 안 긁히는 거 같네요."라고 너스레를 떨며 돈이 많다고 믿는 다른 카드로 긁었는데 그 카드 역시 한도 초과로 떴다.

이 부끄러운 상황! 한 번 더 또 다른 카드 2개를 다 주었는데 그 카드들 역시 전부 다 한도 초과가 떴다. 한 번쯤 이 상황을 겪어 보면 알겠지만, 얼굴이 화끈하고 어떻게 해야 할지 모르는 어정쩡한 상황이 나와 점원 사이를 오가게 된다. 이 상황을 빠르고 자연스럽게 타개하기 위해 신분증을 맡기려고 하니 점원은 큰소리로 점장님을 불렀다.

"이분 지금 돈이 없어서 신분증을 맡기려 하는데 그렇게 해도 되나요?"라는 말을 참 고맙게 말씀해 주시니 뒤에는 자원봉사자들이 내가 결제하는 모습 그대로를 전부 다 지켜보고 있었다. 순간 나를 향해 몰리는 시선이 매우 수치스러웠다. 자원봉사자들이 자기 카드로 결제해 주겠다는 말이 나왔다. 나는 필사적으로 내가 결제할 거라 얘기를 했다. 결제는 고마우나 나는 내 비참하고 수치스러운 기분을 풀 수 없으니 말이다.

PART 1 내가 처했던 상황들

때는 겨울, 그 당시 우리 지역 내 또래 친구들과 같이 전국 규모의 겨울 행사를 만들게 되었다. 여러 지역에서 많은 기획자가 오셔서 같이 술을 먹으며 친해졌고, 여러 재미있는 프로그램 기획으로 행사가 성공적으로 끝나게 되었다. 그 이후 겨울 행사 뒤풀이 모임이 있었는데 우리 행사를 만들었던 동지 같은 많은 친구가 오게 되었고 서로 같이 얘기하면서 화기애애한 뒤풀이 자리를 만들었다. 식사가 끝난 후, 식사를 마치고 나가지 않자 그때서야 나는 알게 되었다. 이 자리에서 내가 나이가 제일 많은 사람이었다는 것을….

그 생각과 동시에 이 친구들이 나보고 한턱내라는 말을 들었지만 정말 예상하지도 못한 돈이라서 갑자기 대뜸 돈이 없다고 말해 버렸다. 내가 이런 모습이라는 걸 지역사회 후배 친구들에게 보여 준다는 것 자체가 참으로 부끄러웠다. 또 내가 돈이 없다고 말하니 그 상황을 또래 친구들이 급하게 수습하면서 어색한 분위기를 빨리 없애려고 했다. 그때는 돈 없는 내가 잘못한 게 절대 아닌데 사회 통

넘상 선배 입장이 되니 부끄럽고 돈 없고 능력 없는 선배라는 생각
이 참 미안한 건 사실이었다. 난 이후 대리운전 부를 돈을 아끼기
위해 차를 놔두고 추운 겨울 집까지 15km를 걸어갔다. 걸어가면서
오만 생각이 다 들었다. 오늘 뒤풀이에서 겪었던 일들을 회상했다.
과연 내가 돈을 내야 하나? 나도 일하러 왔는데 내가 왜 내야 하지?
이건 누구 잘못일까? 내가 이렇게까지 해서 돈을 아껴야 하나? 생각
하면서 돈이 없다고 말했던 말이 오버랩되면서 걸어가면서 마음속
이불킥을 했다. 참 추운 겨울에 내 마음속은 더 추웠다.

문화기획자라는 직업의 특성상 재미있는 프로젝트들이 많이 들
어온다. 특히 다른 지역에서 같이 몇 달 동안 일하자고 제의가 들어
오는 적이 많다. 그중에서도 정말 가고 싶었던 프로젝트 두 가지가
있었다. 첫 번째는 한복 대중화 프로젝트이다. 때는 8년 전 대한민

국에서는 우리 옷 한복을 입는 문화가 점점 사라져가고 있었던 시기였다. 나와 친한 전주의 한 기획자 형님이 계셨는데 그 형님과 여러 지역의 기획자분들과 함께 모여서 한날한시에 축제를 만들게 되었다. 축제 이후 한복에 대한 인식이 급속도로 변화되는 데 한몫을 했다. 수년 뒤 형님이 전주에서 한복 축제를 같이 크게 만들어보자고 제안한 적이 있었다. 내 사업의 멘토이기도 한 형님이었고, 전주에서 내가 중심이 되어 한복 축제를 만들고 보고 싶은 열정도 매우 컸다. 머릿속에서는 한복 축제를 만드는 구상과 기획 아이디어가 벌써 나오기 시작했다. 울산에 사는 내가 전주에 넘어가서 대한민국 한복 축제를 이끌고 만들어 간다는 거 자체가 정말 가슴 뛰고 설레는 일이었다. 또 어떻게 보면 나 자신의 역량을 마음껏 키울 수 있는 계기이기도 했다. 전주에서 또 다른 재미있는 일들이 생겨날 수도 있으니 말이다.

그 달콤한 제안에 나는 하룻밤을 새우면서 고민을 거듭했다. 내가 이 축제의 감독으로 있으면 대출 이자를 절반씩이라도 낼 수 있으니 이 점을 활용할까 생각도 했고, 지역에서 벌여놓은 것들을 어떻게 수습하고 갈까 등등, 달콤한 제안을 받아들일 수 있는 멘탈을 만들기 위해 오만 생각을 다 하게 되었다.

하지만 결국 난 그 제안을 고사하고 말았다. 내 상황은 안중에도 없는 대출회사의 대출 독촉을 도저히 막을 수 없었고, 예전에 신용카드 연체로 인해 매일 30여 통의 전화가 오는 것이 부담스러웠기 때문이다.

그 이후 그 한복 축제는 초대박이 났고, 유튜브와 페이스북을 통

생애처음 비트코인

해 한복 축제 공연들을 보면서 돈이 없어 내 역량에 투자를 못 하는 자신이 참 비참했다. 내가 만약 그때 한복 축제의 감독 제안을 받아서 갔었다면 어떻게 되었을까? 이런 후회와 어설픈 추정을 지금도 한다는 것 자체가 아쉽다.

기획이라는 것은 가지고 있는 자원을 활용해 최고의 효율을 만들고 실수를 줄이는 일이다. 기획을 통해서 사람들의 희로애락을 건들 수 있고, 죽어가는 전통시장을 새롭게 만들어 낼 수가 있다. 하지만 일반인들의 시각에서 바라보면 누구나 다 할 수 있는 게 기획이라는 생각이 많다. 행사와 아이디어 하나를 내는 걸 아주 쉽게 본다는 말이다. 좋은 기획서를 가지고 가면 나중에 그 기획서에 있는 내용을 홀딱 베껴서 다른 업체에 주기도 한다. 그래서 기획은 스트레스를 많이 받고 고된 업종으로 분류된다.

난 인건비를 아껴 빚을 갚기 위해 나 혼자 3명분의 일을 해냈다. 자는 시간을 빼 일을 했고, 아파도 집에서 쉬지 못하고 일을 해야 할 수밖에 없었다. 1년 365일 매일 일을 하며 명절 빼고 쉬지 못했다. 위에도 설명했었지만, 나는 이런 게 너무 힘들고 외로웠다. 모두가 아픈 날은 그냥 집에서 쉬고 싶다고 생각하는 게 보통 사람들의 마음이다. 하지만 나는 내가 하루를 쉬면 회사가 하루 돌아가지 않게 되는 것이다. 그러면 데드라인이 있는 일들은 죄다 밀려서 일을 못 하게 된다. 끝에는 대출 이자를 못 갚게 될 것이므로 어쩔 수 없이 일을 할 수밖에 없다.

명절 쉬는 날, 차라리 명절에는 쉬지 않고 일하고 싶다.

우리 아버지가 5형제 중 넷째이시다. 명절엔 본가에 가서 친척들을 만나야 하는데, 명절 아침이 되면 그땐 비로소 친척들의 사촌 자랑대회가 시작되니 그때가 눈치 보일 정도로 고통스럽다. 각자의 삶의 방식과 패턴이 있고 본인들이 일을 선택해서 삶을 개척하고 나아가는데, 왜 그 시간에 누구는 돈을 많이 벌고 누구는 어떤 차를 뽑아서 잘 타고 다닌다는 등 이런 얘기를 하는지 모르겠다. 큰아버지가 내 근황을 물어보면 상당히 고달프다. 우리 어머니는 그때 바로 20명이 넘는 친척들 앞에서 시원하게 일갈하신다.

"우리 지윤이는 돈이 없어서 우리 집에 빌붙어 살아요. 이런 일 (문화기획자) 하는 거 그냥 다 때려치우고 공장이나 가서 돈 잘 벌고 평범하게 살았으면 좋겠어요."

이런 상황과 말이 나에겐 트라우마로 작용한다. 매번 명절이 되면 내 마음이 괜히 무섭다. 명절 땐 마치 한 마리의 공작새가 되어 잘난 모습을 거짓말을 보태서 보여야 하는 것 같다. 명절 전에 혹시라도 내가 쓴 책이 나오면 이 책 들고 인사나 드려야겠다는 생각도 드는데, 이번 기회에 친척들에게 35년 만에 처음으로 점수 좀 따고 싶다.

" 그래도 난 하고 싶은 일을 한다.

다른 사람들이 몇 달 동안 외국에 가서 영어 공부를 하고 오는 것을 SNS로 보면서 부러움을 느꼈지만, 나는 갈 수 있는 그런 여력이 되지 못했다. 만약 여행을 가더라도 사적인 여행이 아니라 관에서 주관하는 공적인 답사를 돈을 주고 갔다. 지역사회에서 이름과 명망 있는 어른이 많이 계시니 그분들에게 나를 알릴 절호의 기회가 되기 때문이다. 다르게 보면 나에게는 어르신들의 무거운 물건을 들어 주러 가는 봉사활동에 가깝다. 하지만 덕분에(?) 동남아시아와 러시아를 다녀왔는데 생각보다 기획에 필요한 아이템과 배울 점이 많았다. 특히 성과라면 어른들이 생각하는 방향과 내용은 전부 다 거기서 거기라는 것을 느낀 점이다.

당시 우리 단체의 평균 연령이 50대 중반이다. 20대 후반이었던 필자는 제일 막내로 활동했고 24시간 함께 지내야 했다. 숙소 식당을 가리지 않고 어르신들이 자리에서 씁쓸한 말씀을 많이 하셨다.

"20대 후반이면 지금이 세상에서 가장 몸값이 높은 나이인데, 닌 뭐할라꼬 이런 돈 안 되는 일을 하노? 우리 아들은 이제 대기업 드갈라고 면접 준비하는데, 니도 다 때려치고 대기업이나 공무원으로 취업해라."

이런 소리를 들을 때마다 화가 났지만 참았다. 아니 정확하게는 매달 내야 하는 빚 때문에 참아야 했다. 그리고 속으론 이렇게 말하고 싶었다.

'와이고 어르신, 제가 캐피탈 빚이 너무 많아서 대기업 들어가면 바로 망합니다. 어르신이 저에게 돈 한 푼 준 적 있습니까? 제 인생 책임져 주지 않으실 거면, 그런 말 하지 마소.'

많이 분했지만, 어느 술자리에서든 많은 사람이 보편적으로 생각하는 문화와 상식을 말하면 받아칠 수 있는 답이 없다. 그냥 나는 앞에 있는 치킨처럼 그냥 발려 먹힐 뿐이고, 그 앞에선 그저 순한 양처럼 "네네, 맞는 말씀이십니다."라는 말밖에 하지 못했다.

난 그럴 때마다 '아, 이분 엄청 좋게 봤는데 이분도 역시 꼰대 마인드를 벗어내지 못한 사람이구나.'라는 생각을 속으로 되뇌기만 했다. 사업 초기에는 저런 얘기를 많이 들었는데, 지금은 어느 정도 안정기에 접어들어서 그런 얘길 많이 듣진 않는다. 하지만 1년에 한두 번씩 가끔가다 듣기도 하는데 심한 말이 아닌 이상 한 귀로 듣고 한 귀로 흘린다.

생각해 보면 성격이라는 게 무섭다. 남에게 싫은 소리 쓴소리 못하고 그저 좋은 게 좋은 거라고만 생각하는 성격, 이 성격이 나를 무한 긍정 사나이로 이끄는 원동력이기도 하지만, 한편으로는 호구라는 생각도 든다. 언젠가는 내가 속 시원하게 일갈할 수 있는 날이 왔으면 좋겠다.

" 돈이 없어서 하지 못하는 것들

여자 친구를 막상 사귀려고 하면 사랑보다 돈이 먼저 생각났고, 여자 친구를 사귀게 되면 대출금을 못 갚을 수도 있다고 생각하게 되었다. 그런 생각을 지속하니 사귀는 것이 귀찮고 부담스러운 경지에 이르게 되어 대개 어느 정도 썸을 타는 선에서 끝이 나는 경우가 많았다.

나는 청춘의 끝까지 다 느끼고 난 다음 결혼을 한 사촌 누나의 영향을 많이 받았다. 사촌 누나는 본인이 하고 싶은 것 다 하고, 나이가 많이 들어 연하남과 결혼한, 사회에서는 매우 보기 힘든 여성이다. 결혼을 생각할 때마다 사촌 누나가 했던 말들이 머리에 맴돌아서 나도 사촌 누나처럼 청춘을 끝까지 즐기고 결혼을 하고 싶다는 생각이 강하다. 그래서 결혼을 못 할 수도 있겠다는 생각도 들었다.

지금 30대가 되었는데도 남녀 불문하고 결혼 못 한 사람들이 많다. 주변에서도 결혼에 대한 얘기를 다들 안 하니, 끝까지 솔로로 살다가 죽을 수 있겠다는 위기감도 있다. 남녀평등 사회인 지금도 여성들은 이성을 사귀기를 꺼린다. 반대로 남자 입장을 대변한다면, 대출금이 많아서 이자 갚는데 허덕이고 있는데, 여자 친구를 사귀면 내 여자를 책임지고 즐겁고 행복하게 만들어 줄 수 있을까? 남자가 느끼는 나름의 책임감이라는 게 있다. 빚을 갚기 전까진 말이다. 한마디로 경제적인 문제로 현재의 젊은이들은 결혼을 피하거나 미루고 있는 것이 현실이다.

PART 1 내가 처했던 상황들

배가 정말 고플 때가 있었다. 당이 떨어져서인지(?) 갑자기 어지러워 밥은 먹고 싶었지만, 돈이 없어서 어쩔 수 없이 쫄쫄 굶어야 할 때가 있었다. 첫사랑 친구가 LG에 근무하게 되었던 일을 듣고 나서 내 꿈을 찾으러 서울에 올라갔을 때의 일이다. 지하철 노숙으로 배가 매우 고팠던 때, 밥은 먹고 싶지만 돈도 없고 먹을 수 있는 밥도 없으니 최대한 지하철 주변에서 버티며 노트북으로 F5키를 누르면서 새로 뜨는 급 일일 알바를 찾고 있었다. 왜냐면 서울에서는 일일 알바가 10초 단위로 쭉쭉 나오기 때문에 30초 안에 선택하지 않으면 나보다 더 손이 빠른 사람들이 차지하기 때문이다. 그래서 알바구할 땐 초집중하면서 신중하고, 알바 자리가 뜨면 빨리 눌러야 한다.

필자가 제일 멀리 가본 곳이 서울에서 경기도 수원까지였다. 열심히 알바를 찾는 도중에 갑자기 어디서 맛있는 냄새가 나와서 돌아보니 버스에서 나오는 연기 냄새였다. 나는 버스에서 나오는 연기 냄새가 이렇게 맛있었는지 처음 알았다. 마치 달달한 마시멜로를 먹는 느낌이 났고 입에 침이 고일 정도로 냄새가 너무 좋았다. 연기로 배를 채우니 떨어졌던 당이 다시 올라왔고 정말 생존왕 베어 그릴스처럼 나도 이 울창한 빌딩 숲에서 살 수 있다는 생각이 들었다.

한 번은 지하철역 주변을 걷는데 신문지에 싸여 있는 무언가를 발견했다. 그걸 들고 계단으로 가 혼자서 허겁지겁 먹었는데 그때 느꼈던 맛은 너무 맛있어 지금도 잊을 수가 없다. 사람들이 없는 계단에서 남이 먹고 버린 음식을 가장 행복하게 먹었으니, 이게 고난 중에 얻는 작은 행복이라고 해야 할까? 마음이 참 미묘했다.

그때부터 나는 음식을 웬만하면 다 먹으려고 노력한다. 직장 동료가 못 먹겠다고 남긴 음식이며 자원봉사자가 먹고 남긴 음식은 웬만하면 내가 전부 다 먹어 치운다. 가끔은 그렇게 음식을 먹는 나를 두고 불쌍하게 보여서 음식을 더 주문해 주려고 하는 사람도 있었다. 옆에 남은 음식을 먹고 너무 많이 남은 건 따로 식당 아주머니에게 부탁해서 포장까지 해 가는 걸 보고 부끄러워하는 사람들도 있다. 특히 우리 어머니가 보시면 기겁을 하신다. 거지도 아니고 왜 그딴 행동을 하냐면서 말이다. 하지만 왜 내가 하는 행동이 부끄러운 것인지 모르겠다. 나는 이렇게 생각한다.

"거지가 되지 않으려면 거지 같은 씀씀이로 행동해야 하고, 부자가 되지 않으려면 부자 같은 씀씀이로 행동해야 한다."

내가 이걸 먹어 치움으로 인해서 음식물 쓰레기가 줄어들어 환경오염을 막고, 내가 음식을 먹는 데 써야 하는 비용이 줄어들며, 남은 음식을 가지고 가면 다음 날까지 허기를 채울 수 있다. 단 10초의 부끄러운 마음만 고이 접어 잘 간직한다면 지구 환경과 지갑 환경이 더 나아지는데 얼마나 좋은 일인가?

내 스마트폰에 등록된 전화번호 숫자가 3,000명이 넘어간다. 일면식도 없는 연락처도 있고 한 번 이상 본 사람들의 연락처 등 많은 인연이 내 스마트폰에 저장되어 있다. 인맥이 많다 보니 가끔 나에게 오랜만에 물어보면서 인사차 연락해 오는 친구들이 있다. 그런 친구들에겐 참 미안한 감정이 많다. 바로 경조사다. 나는 결혼식, 돌잔치, 장례식장에 정말 가고 싶지만 돈이 없어서 가지 못한다. 그게 너무 미안하고 죄스럽다. 최소한 장례식장만큼은 돈이 없더라도 편지지 안에 돈을 넣지 못해서 정말 죄송하다는 말이라도 적어서 간다. 앞으로 보지 못하는 사람을 위한 최소한의 예의를 실천하는 것이다.

또 정말 경조사에 가지 않으면 안 되는 친구들이 있다. 나와 함께 힘든 축제를 끝까지 수행하여 성공적인 축제로 만든 내 동지와도 같은 친구들과 내가 힘들 때 도와주신 분들, 그리고 나에게 돈을 주시는 존경하는 '갑'님께서 만드시는 경조사들. 특히 정말 친한 친구 결혼식에 돈이 없어서 축의금을 3만 원밖에 넣지 못한 것이 참 부끄럽다. 축의금 3만 원이나 5만 원이 뭐가 대수냐고 생각하는 사람들이 있겠지만 현실은 그렇지 않다. 끝나고 받은 축의금을 모아서 이름을 적어 가며 얼마 줬는지 확인하는데, 그게 엄청 부끄러운 일이다. 예전에 어떤 결혼식 때 어떤 사람이 봉투에 1만 원을 넣은 사람을 발견한 것이다. 그때 축의금을 관리하던 분들이 봉투에 1만 원을 넣었던 사람을 대놓고 신랄하게 비난하는 기억이 있으면 이해가 될 것이다. 그 사람은 그냥 축하하고 싶은데 나처럼 돈이 없어서 축의금 1만 원만 지참하여 간 사람일 수도 있다. 결혼식장에 왔던 것 자체를 감사히 여겨야 하는데 말이다. 그래서 나는 한 번씩 지인들에게 초대장을 받을 때마다 말은 진심으로 축하한다고 하지만, 속으로는 돈이 없어 가지 못해 미안하다는 말을 돌려서 말한다. 그렇게라도 해야 미안한 마음을 스스로 식힐 수 있는 계기가 되기 때문이다.

" 아킬레스건이 잘려도 내 꿈은 잘리지 않았다.

처용 문화제라고 하는 울산 대표 축제가 있다. 그 축제를 담당하는 기획사에서 나에게 축제 퍼레이드 중에서 한복 입은 자원봉사자 팀을 운영해 달라고 요청했다. 나는 그때 하겠다고 말을 하고는 자원봉사자를 모았고, 며칠 연습을 진행하고 축제 행사장에 자원봉사자들과 함께 갔다. 그런데 문제는 여기서 발생했다. 철거 직전의 빌딩에서 자원봉사자들을 한복으로 갈아입힌 후 내가 맨 마지막으로 나가는데, 철문을 닫다가 왼쪽 아킬레스건 절반이 절단되는 사고를 당하게 되었다. 바로 구급차를 불러 응급실에 갔어야 했으나, 처음에 살짝 스치는 느낌이 나서 괜찮겠다는 생각을 했다. 그리고 당시에 행사가 이제 막 진행하려고 하는 도중이라서 병원에 갈 생각조차 하지 못하고 자원봉사자들을 이끌었다. 내가 만약에 모든 것을 멈추고 병원에 가게 되면 나를 따르던 자원봉사자들은 누가 이끌 것이며, 혹시라도 나 때문에 행사가 차질이 빚어진다면 돈을 못 받게 되지 않겠는가. 그렇게 되면 마지막엔 대출 이자를 갚지 못하게 되는 상황이 올 것이다.

어떻게든 자원봉사자들과 정리를 다 하고 머리가 어지러워 발밑을 보니 신발이 피로 범벅돼 피 발자국이 찍혀 나오고 있었다. 그때서야 큰일 났다는 생각이 들어 그 자리에서 119 응급차로 병원에 실려 갔는데, 병원에 실려 가면서도 오만 생각이 다 들었다. '축제는 어떻게 진행되고 있을까? 내가 없어서 혹시 NG가 나는 게 아닐까?' 하는 걱정과 '이번에 다쳐서 몇 달 동안 목발 짚고 다니게 되면 대출

이자는 어떻게 낼까?' 하는 또 다른 걱정들. 걱정에 걱정을 뒤로하며 의사 상담을 받았는데 병원 의사 선생님께서는 내가 조금만 늦게 왔으면 정말 큰일 날 뻔했다고 말씀하시며 바로 봉합 수술에 들어갔다.

입에 무언가 씌워지더니 10초를 세어보라고 얘기하셨고, 10초를 세어 보니 난 벌써 회복실에 있었다. 참 신기한 경험이었다. 하지만 앞으로 다시는 그런 경험을 하기 싫었다. 수익을 창출하지 못하면 겨울엔 쫄쫄 굶을 게 눈에 보이듯 뻔하기 때문이었다. 입원을 권고해서 입원했지만 사실 이것마저도 나에겐 사치라는 생각이 들었다. 목발을 잘 짚기만 하면 집에도 가고 운전도 하면서 일을 잘 치를 수 있겠는데 왜 비싼 돈을 주고 맛 없는 밥과 잠이 안 오는 침대에 누워 있어야 할까 하고 생각했다. 의사 선생님이 왔을 때도 맨 처음 한 대답이 있다.

"선생님, 저 내일도 일하러 가야 하는데 목발 짚고 일하러 가도 되나요?"

당연히 의사 선생님 입장에서는 '병원에 미친놈이 왔구나'라는 생각이 들었을 것이고, 나의 간곡한 부탁에 수술한 다음 날에 목발 투혼으로 행사를 치를 수 있도록 도움을 주셨다.

지금 생각하면 매우 미친 일이었지만 그때 당시에는 쉬지 않고 일을 할 수 있다는 안도감, 내일 일정이 펑크 나지 않겠다는 감사함만이 내 멘탈을 채워 주었다.

　머피의 법칙이라는 말을 들 어본 적 있는가? 안 좋은 일은 겹쳐 일어난다는 말이다. 목발 투혼으로 행사를 하게 된 그 날 상황을 잊을 수가 없다. 행사 는 성공적으로 잘 치렀는데 문

제가 생겼다. 하필 그날 옛 여자 친구가 남자 친구와 함께 내 앞을 지나가면서 목발 짚고 행사를 치르던 나를 아래에서 위로 전신을 훑어보다 지나간 것이다. 어정쩡하게 인사를 건네고 상황을 설명 해야 하는데, 이 상황을 어떻게 설명해야 할지 당황스러웠다. 누구 보다도 열심히 살고 있는 모습을 보여 주는 나인데, 그날은 참 술이 당기는 날이었다. 아니 술을 먹고 싶었지만, 의사 선생님이 술을 먹 지 말라고 했기에 먹을 수도 없었다. 완벽한 머피의 법칙이 적용된 날이었다.

66 한 달 이자 수백만 원. 그래! 대세는 비트코인이다. 그런데…?

나쁜 단맛을 보다.

2017년 비트코인 1개당 가격이 100만 원밖에 안 하던 것이 연말이 되자 2,800만 원까지 치솟았다. 비트코인이 엄청난 상승을 하기 직전인 2017년 가을에 나는 우연히 빗썸이라고 하는 사이트에 처음 들어가서 구경을 하던 중, 40% 상승했다는 내용을 보고 호기심으로 100만 원을 넣어서 코인을 구매하였다. 대충 값싼 아무개 코인을 사서 기다리니 다음날 5% 올라서 5만 원의 돈이 생겼다.

5만 원을 벌었던 그날, 나는 정말 묘한 경험을 했다는 생각이 들었다. 열심히 일해야 벌 수 있는 돈 5만 원이 내 수중에 있지 않은가? 5만 원이라는 돈은 시급으로 따지면 5시간 정도 일해야 벌 수 있고 국밥을 8그릇 정도 먹을 수 있는데, 간단한 클릭 한두 번으로 내가 5만 원을 벌었다는 것이 믿어지지 않았다.

5만 원을 벌었던 날에는 일하면서도 돈 5만 원이 계속 생각이 났다. 만약 내가 1,000만 원을 넣었다면 그것의 5%인 50만 원을 벌게 됐을 거라는 뜻이 아닌가? 내가 아주 힘들게 일을 해도 50만 원 벌기가 힘들고, 50만 원만 벌어도 2,000만 원짜리 대출 이자 1개 정도는 낼 수 있는 돈이었다.

그날로 나는 눈이 뒤집혔다. 비트코인이라는 것은 잘하면 내 삶을 바꿀 수 있는 하나의 도구일 수 있겠다는 생각이 들었다. 나는 바로 그날부터 밤늦게까지 유튜브에서 비트코인에 관한 여러 교육 영상들을 보면서 내 안목을 넓혀 갔다.

비트코인 영상을 보면 볼수록 참으로 신기했다. 이게 돈도 아니고 컴퓨터상에서 왔다 갔다 하는 숫자로밖에 보이지 않는데 이걸 투자하는 사람들이 있단 말인가?

비트코인의 첫 가격은 약 5원 정도였다. 이 가격도 비트코인 1만 개로 피자 두 판을 구매한 가격을 예상해서 적은 수치인데 십 원짜리도 못한 비트코인이 7년 후에는 900만 원이 된 것이다. 5원을 기준으로 볼 때 약 160만%가 올라간 가격이었다. 만약 타임머신이 있었다면 당장 2010년으로 날아가서 2010년의 나 자신에게 당장 비트코인을 사라고 말할 기세였다.

며칠 동안 틈틈이 차 안에서, 집에서 비트코인 교육을 들었다. 내 삶의 하나의 동아줄을 잡았다고 생각하고 최선을 다해 들었다. 코인에 대한 기술력에 대해서 이해하지 못한다면, 다시 듣고 또다시 듣기를 반복하면서 열심히 들었다. 외우려고 하지 않았는데도 저절로 외울 만큼 들으니 세상이 달라져 보였다. 블록체인을 실생활에 사용하면 어떻게 될까? 하는 상상도 열심히 하면서 이 블록체인과 세상과의 접점을 찾으며 구상하고 또 공부했다.

내가 만약 이렇게 공부만 했다면 대학교 졸업 평점이 2.5로 끝나지 않았을 것이다. 독자들은 필자의 대학 졸업 평점이 2.5라는 것을 들었을 때 "세상이 망해도 절대 나오지 못할 점수 아냐?"라고 생각할 수 있지만, 대학교를 다니면서 좋은 학점을 받는 것도 중요하지만 다양한 지식 습득과 경험을 쌓는 것이 더 중요했다. 예를 들면 스포츠마사지가 배우고 싶어서 스포츠마사지학과 전공 수업을 교양으로 듣는다거나, 마케팅학 전공 수업을 교양으로 신청해서 용감하게 듣는 것이다. 내가 대학교 때 받았던 유일한 A+는 '대학 문화의 이해'였다. 그 정도로 나는 대학 문화를 잘 이해했고, 내가 만들고 싶은 동아리를 직접 만들어 활동도 열심히 했고, 대외활동을 해서 장관상까지 수상한 경험이 있다. 한마디로 말하자면 한 가지에 꽂히면 완전 파고드는 성격이라고 생각하면 된다. 공부만 빼고.

다시 얘기로 돌아가서, 나는 곧장 코인 투자를 하기 위해 전화를 기다렸다. 바로 대출 상담사 전화였다. 내가 그 당시에 왜 그렇게 했는지 참 이해하지 못하겠지만 난 대출 상담사 전화를 기다렸고 빠르게 대출을 진행하였다. 대출금을 비롯해 여기저기서 돈을 끌어모아 2,500만 원을 만들었고, 그 돈으로 나는 큰 결심을 하였다.

나는 가장 유망할 것이라고 생각했던 '퀀텀'이라고 하는 코인에 2,500만 원을 투자해 보았다. 방구석 유튜브에서 배웠던 여러 가지 내용들의 결과치를 모아가며 코인 투자를 하기 시작했다. 나에게 있어서 이 투자는 생애 첫 큰 투자였다.

그렇게 큰 투자 후 일주일 뒤… 나에게 엄청난 기적이 일어났다.

"나는 세상에서 가장 쉬운 로또를 맞게 되었다."

문화재단 교육 후 뒤풀이를 하는 중, 시간도 많이 지났는데 그냥 심심해서 코인 창을 열어 봤다. 내가 한 번도 보지 못했던 숫자들이 난리였다. 그리고 눈 씻고 보니 일주일 만에 투자한 코인이 세 배나 상승하게 된 것이다.

"우와!!!!⊙ 0 ⊙"

나는 사람들이 많은 음식점에서 소리를 질렀다. 그러고 배터리가 없으니 침착하게 스크린샷을 먼저 찍었다. 그러고 내 스마트폰은 장렬히 전사하여 거래창이 보이지 않게 됐지만, 이미 마음속은 꽃 밭에 가 있게 되었다.

내가 돈을 벌었다니 / 이게 지금 꿈이야? / 아니 내가 전생에 착한 일이라도 했나? / 지금 이게 무슨 돈이지? 내가 잘못 본 거 아니야? / 와… 대출 다 갚을 수 있겠다. / 스마트폰 충전기 어디 있지? 다시 보고 싶은데! 빨리 충전! 등등 내 머릿속엔 오만 생각이 다 들었다. 오늘을 홍지윤 독립기념일로 만들고 싶을 정도였다.

세상을 전부 다 가진 기분. 나는 로또에 당첨된 사람들의 마음을 느낄 수 있었다.

이후 투자를 열심히 한 결과 약 8,000만 원까지 불어났다. 그땐 마치 세상을 다 가진 기분이었다. '투자를 하면 누구나 쉽게 돈 많이 벌고 부자가 되는구나. 세상에 왜 서민들은 이렇게 쉬운 투자라는 것을 왜 안 할까? 이대로 가면 10억 만들어서 건물도 사고 부자 될 수 있겠다.' 등등 이런 생각이 팽배했다.

많은 대출금 중에 일부 상환하니 세상이 또 다르게 보였다. 나는 정말 행운아인 것 같았고, 전생에 최소 독립운동가 선생님들을 도왔던 조력자 정도는 되었겠다고 생각했다. 나는 로또에 당첨된 사람의 기분을 느끼기 위해 분위기 좋은 바에 앉아서 차트를 보며 "가즈아!"를 외치는 것이 일상의 낙이 됐다. 개미지옥에 들어가기 직전 달콤한 것을 맛본 그 시절, 겉멋만 잔뜩 들어간 투자자였을 뿐인데 말이다.

차트도 볼 줄 모르고, 암호화폐의 특성도 모르는 사람이 투자자라는 말을 쓸 수 있을까? 그 당시를 생각할 때 나는 그냥 운이 좋아서 돈을 벌게 된 한심한 도박꾼이라고 말할 수밖에 없었다.

달콤하고 꿈만 같았던 2017년 이후, 2018년 비트코인은 끝없는 암흑의 수렁으로 빠져들어 갔다. 한때 5,000만 원까지 간다던 비트코인은 엄청난 하락이 나왔고, 급기야 비트코인이 350만 원까지 떨어져 암호화폐가 망하는 거 아니냐는 여론까지 일게 되었다.

한때 8,000만 원 가까이 올랐던 돈들이 600만 원밖에 남지 않게 되었다. 결국엔 대실패였다. 코인이 1년 365일 앞으로도 계속 쭉 오를 것이라고 생각했다. 한심하게도 한심한 짓을 더 하게 되었다. 나는 "코인이 또 오르겠지" 하면서 무리해서 또 추가 대출을 냈고, 그 돈을 투자하여 가즈아만 외치며 기도 매매[2]를 진행하였다. 바보는 용감하다 했는가? 내가 딱 그런 상황이었다. 그때 당시 엄청난 하락으로 스트레스에 잠이 안 와 시름만 깊어졌고, 밥도 입에 들어가지 않았고, 잠을 잘 때도 "지금까지 이게 전부 꿈이었고 타임머신을 타고 싶다."는 생각이 마음속에 일렁였다. 내 삶에서 첫 투자가 성공에서 좌절까지 모든 것을 다 맛봤다. 일도 손에 잡히지 않고, 하루를 사는 것이 사는 것처럼 보이지 않았다. 열심히 갚아나가던 대출금은 도리어 또 어마어마하게 불었고 그 대출금을 다시 갚아야 한다는 생각이 등에 식은땀이 줄줄 흘렀다. 나는 마치 지옥에 있는 것처럼 누구보다도 추운 겨울을 맞이하여 나의 잘못을 되새기고 되새겼고 되뇌며 되뇌었다.

2) 오르기만을 기도하면서 바라는 매매 방법

" 난 멈추지 않고 오뚝이처럼 일어나 다시 시작했다.

직업이 기획자다 보니 겨울은 더 매섭다. 정부 사업은 대개 2월에 공모가 뜨고 4월부터 진행하는 경우가 많다. 따라서 약 4개월 동안은 수익이 전혀 없는 상태로 대출금과 각종 공과금들과 싸워야 한다. 또 1월이면 부가세를 내야 하는 기간인데, 부가세를 낼 돈마저 사업비와 대출금을 갚는 데 쓰일 만큼 너무나 가난했다. 그냥 허망했다. 추운 겨울 창가에 앉아 주변 풍경을 보며 사색에 빠졌다.

투자의 세계에서 자신의 돈을 잃으면 대개 세 가지의 부류로 나뉜다.

첫 번째, 무소유를 실천하는 분들이다. 없어진 돈을 다시 회수하기엔 늦었다고 생각하며 다시 일상생활로 돌아가서 열심히 사는 유형이다.

두 번째, 돈을 잃은 것에 대해 여러 형태로 '분노'를 표출해 내는 인간이다. 마음에서 우러나오는 모든 욕을 수없이 허공에 일갈하거나 주변 사람들에게 자신의 분노를 스스럼없이 표현하는 유형이다. 대개 이런 사람들이 증상이 심해지면 자신의 목숨을 잃을 수도 있다.

세 번째, 투자금을 잃은 이유 분석과 공부를 병행한다. 내가 투자를 할 때 어떤 잘못을 했고 그 당시에 어떤 전략을 잡았어야 했는지와 나는 어떤 투자 방법을 선호하는지를 알아낸다. 그 이후 나에게 딱 맞는 투자 전략으로 수정해서 투자를 진행한다.

나는 정말 운이 좋게도 세 번째를 선택했다.

냉혹한 투자의 세계에서 허공에 대고 욕을 갈기기엔 내가 가졌던 돈들과 기회비용들이 너무나 아까웠기 때문이다. 그때부터 나의 실패 원인을 찾기 시작했다. 노트에 적기도 하고 적었던 내용들을 가지고 출·퇴근할 때마다 리마인드하며 분석했고 나에게 맞는 투자 방법을 차근차근 찾았다.

돈을 잃어서 스트레스를 받는 것보다 차라리 공부를 통해서 돈을 잃은 이유를 아는 것이 도움이 되었다. 다시는 돈을 잃지 않겠다는 마음이 생겼다. 나는 점점 암호화폐 투자의 베테랑이 되어 가고 있었다.

" 초보라면 이것만 알면 된다! 주식과 다른 특이한 암호화폐 세계

암호화폐는 주식과 완전 다른 시장이다. 주식시장은 주 5일 약 7시간 진행하지만, 암호화폐는 24시간 365일 쉬는 날 없이 돌아간다. 그래서 주식시장에서의 3년은 암호화폐에서 1년 정도가 된다. 세계적인 투자의 귀재 워런 버핏은 "10년 이상 주식을 보유할 생각이 없으면 10분도 보유하지 말라."라고 권한다. 사실 차트만 따지고 봤을 때 암호화폐의 3~4년 정도가 주식의 10년 정도에 해당한다.

대다수의 암호화폐 제작사는 영업 수익이 거래 수익밖에 없다. 즉 암호화폐는 무형의 미래 가치로 이루어져 있다. 꿈을 먹고 사는 것이 암호화폐라고 생각하면 된다.

이 때문에 암호화폐에서는 차트가 절대적이다. 차트를 만들기 위해 호재와 악재를 억지로 끼워 맞춘다고 말해도 대체로 맞는 말이다. 주식은 여러 환경적인 요인들에 의해서 차트에 변수가 심하기 때문에 차트는 보조지표라고 생각할 수 있다. 하지만 암호화폐는 차트의 움직임에 따라서 호재와 악재가 생겨 나오기 때문에 차트만 잘 볼 수 있다면 어느 정도 향후 방향을 예측할 수 있다. 그래서 차트 공부에 조금만 투자하더라도 큰 이익을 얻을 수 있는 것이다.

암호화폐를 움직이는 세력들은 재치 있고 유쾌한 친구들이 많다.

예를 들면 아인스타이늄이라고 하는 코인이 있다. 아인스타이늄은 과학, 학교, IT 프로젝트를 지원하기 위한 연구기금을 마련하려는 목적으로 2014년에 만든 암호화폐이다. 간략히 아인이라고 부르기도 하는데 아인의 화폐 단위는 EMC2이다. 아인슈타인이 만든 $E=mc^2$이라는 유명한 공식에서 따온 것이다. "이 코인의 상승일은 아인슈타인의 탄생일과 제삿날에 상승한다."라는 웃긴 말도 많은 데 실제로 이 코인은 그날에 맞춰 기념하듯 100% 넘는 상승을 보이기도 한다.

또 도지코인이 있다. 딱 봐도 이름과 로고가 매우 재치 있고 특이하다. 시베 도지 밈에서 따왔는데 시바견 '카보스'의 사진이 미국 웹에서 유행을 탔을 때 만들어졌다. 우리나라로 비유하자면 DC인사이드의 개죽이를 들 수 있다. 한국인들이 멍멍이를 댕댕이로 부르는 것과 같이 미국인들도 Dog 끝에 e를 붙여 doge(도지)로 부른다. 따지고 보면 도지코인을 우리 식으로 부른다면 댕댕이 코인이 되는 것이다. 로고에서 볼 수 있듯이 이 코인은 진지하게 사업적인 측면으로 보는 다른 코인과 달리 장난식으로 만들게 된 화폐였다. 그럼에도 불구하고 테슬라, 스페이스X 창업자인 일론 머스크가 "도지코인이 최고의 암호화폐"라는 트윗을 올리기도 했으며, 현재 시가총액은 약 82억 달러(약 9조 1,000억 원)에 달한다. 요즘에는 화려한 기술력과 사업력으로 무장하여 탄생하는 코인들이 많은데, 초창기에 탄생한 암호화폐는 재치와 낭만이 가득한 코인들이 대다수였다.

도지코인 로고

도지코인 홍보 동영상

" 많은 암호화폐 중에 왜 비트코인만 주목하나요?

사토시 나카모토는 2008년 10월에 〈Bitcoin: A Peer-to-Peer Electronic Cash System〉이라는 제목의 9쪽짜리 논문을 공개했고, 2009년 1월 3일에 비트코인이 처음 발행하게 되었다. 당시 리먼 브라더스 사태로 인해 미국이 경제 위기를 겪고 있었고, 미국인들은 미국의 중앙은행을 믿지 못하는 사태로 불거졌다. 그때 시민들이 중심이 되어 새로운 화폐를 만드는 꿈을 안고 비트코인이 세상 밖으로 나오게 되었다. 비트코인은 새로운 지급 시스템이자 완전한 디지털 화폐를 꿈꾸며 제작되었다. 중앙 권력의 조종 없이 사용자에 의해 작동하는 최초의 P2P 지급망인 것이다. 사용자 관점에서 볼 때 비트코인은 인터넷 현금과 매우 유사한 형태를 띠고 있다. 휴대성, 내구성, 희소성, 대체 가능성, 가분성, 공인성 등 우리가 생각하는 돈의 특징들을 전부 다 가지고 있다. 또한, 비트코인은 다른 법정통화와 금과는 달리 수학적 특성에 의해 신뢰성이 극대화되고 있다. 절대로 복사할 수 없고 개수가 정해져 있는 돈이란 뜻이다.

그래서 암호화폐에서 비트코인이면 모든 것이 정리가 가능하다. 비트코인 = 암호화폐라고 생각해도 된다. 왜냐면 비트코인의 상승·하락이 거의 모든 암호화폐의 차트가 똑같이 간다. 주식으로 비유하면 대장주라고 생각하면 이해하기 쉬워 비트코인의 추세만 잘 읽으면 된다.

" 초보자를 위해 설명해 주는 비트코인 반감기

예전에 〈어벤져스〉라는 영화에서 타노스가 핑거 스냅만 하면 지구인의 숫자가 절반으로 줄어드는 스킬을 선보이기도 한다. 핑거 스냅처럼 비트코인에는 반감기라는 것이 존재한다. 반감기는 이름 그대로 채굴자가 하루에 10개 채굴하던 것이, 반감기 이후에는 하루에 5개밖에 채굴을 못 하게 되는 시스템을 말하는 것이다. 따라서 가격이 낮으면 비트코인 채굴업체들의 채산성이 악화되고, 채산성을 높이기 위해 반감기 이후에는 채굴된 코인이 판매할 수 있는 원가를 넘어서기 전까지는 비트코인을 그대로 가지고 있는다. 그러다 원가를 넘어 판매할 수 있는 가격이 되었을 때 판매를 함으로써 가격이 상승한다. 그래서 비트코인의 반감기는 암호화폐를 주 투자수단으로 삼고 있는 소형 세력들, 코인회사, 코인을 잘 아는 일반 투자자 등 전 세계 암호화폐 고수들이 손꼽으며 기다리는, 역사적으로 가장 큰 기대를 모으는 이벤트다. 2020년 5월에만 반감기 이후에는 블록당 12.5개에서 6.25개로 줄었다. 이 반감기 이벤트가 4년마다 한 번씩 진행되고 있는데, 첫 번째 반감기는 2012년 7월 9일이었고 두 번 반감기는 2016년 7월 9일이었다. 가장 최근의 반감기는 한국 시각 기준으로 20년 5월 12일에 일어났다.

그래서 암호화폐 유저들은 반감기를 4년마다 한 번씩 찾아오는, 1년 6개월간의 특별한(?) 연휴라고 생각을 많이 한다.

" 반감기가 그렇게 중요한 것인가요?
도대체 얼마나 올랐길래?

앞에서 언급했다시피 비트코인 반감기는 역사적으로 두 번 진행됐고 이제 세 번째 반감기가 왔다. 첫 번째와 두 번째 반감기에서 나오는 데이터는 많이 없지만, 아래와 같이 진행되었다.

> 도대체 반감기가 뭐야? 비트코인 반감기 이후로 얼마나 상승했어?
> ※ 1달러 = 1천 원 원화 기준 정리

첫 번째 반감기

반감기 1년 전 저점 200원(2011년 11월 18일)

반감기: 2012년 11월 28일

반감기 후 고점 : 1,750,000원(2013년 11월 30일)

반감기 후 상승률: 약 10,000%

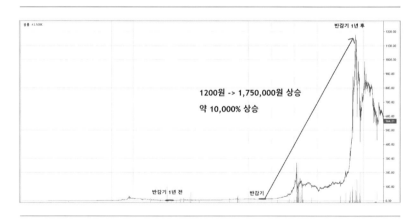

1200원 -> 1,750,000원 상승
약 10,000% 상승

두 번째 반감기

반감기 1년 전 저점 198,000원(2015년 8월 25일)

반감기: 2016년 7월 9일

반감기 후 고점: 28,900,000원(2018년 1월 6일)

반감기 후 상승률: 약 3,300%

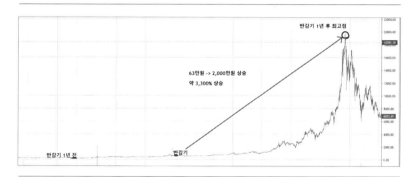

세 번째 반감기

반감기 1년 전 저점 6,979,000원(2019년 5월 12일)

반감기: 9,300,000원(2020년 5월 12일)

반감기 후 고점: ???

반감기 후 상승률: ???%

❝ 반감기 왔다! 비트코인은 앞으로 얼마나 올라갈까?

아직 반감기의 역사가 많이 진행되지 않아서 얼마까지 올라갈 것인지에 대한 정확한 데이터는 없다. 하지만 반감기로 인해 나오게 되는 여러 가지 패턴들은 존재한다.

1. 반감기 1년 전 비트코인은 최대 80~90% 하락한다.
2. 반감기 전후로 비트코인의 심한 변동성이 진행된다.
3. 반감기 이후 약 1~2년 사이로 슈퍼사이클(장기적인 상승세)이 발생한다.
4. 슈퍼사이클이 진행되는 동안 비트코인은 20~40%의 심한 변동성이 존재한다.

※ 변동성이 주어질 때 언론에서 "비트코인 망했다"는 거짓 기사 올라온다.

그래서 앞으로 비트코인이 얼마 갈지 예측한다면, 반감기 1년 전 저점을 기준으로 상승 폭을 등비수열로 단순히 예측해 봤을 때 다음과 같다.

내용	1차 반감기	→	2차 반감기	→	3차 반감기
상승률	10,000%	공비 ÷3	3,300%	공비 ÷3	1,100%
	1, 2차 반감기 상승률 데이터를 기반으로 3차 반감기를 계산				

그래서 필자는 세 번째 반감기를 아래와 같이 예상한다.

세 번째 반감기(앞으로 도래하는 예측)

반감기 1년 전 저점 6,970,000원(2019년 5월 12일)

반감기 가격: 약 9,300,000만 원

반감기 후 예상 고점: 약 111,600,000원(2021년 6~12월 사이)

반감기 기준 약 1,100% 상승(※ 오버슈팅 미포함)

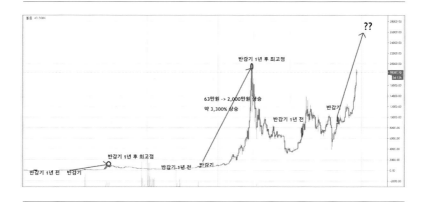

현재 전 세계적인 양적완화 정책 등으로 인해 오버슈팅이 나올경우 최대 7억을(10,000%) 예상하고 있다. 그 누구도 가격 예측하기 어려우니 무리한 공격적 투자는 피하자.

> **소대 병력으로 투자하면 사단 병력이 되어 돌아오는 알트코인. 이건 무조건 조심하자.**

비트코인만 투자하는 유저들도 있지만, 대다수의 암호화폐 유저들은 비트코인을 일정 비율을 가지고 있으면서도 알트코인들을 많이 구매한다. 보수적인 성향이 있는 사람들은 대장주인 비트코인 위주로 투자하고, 공격적인 성향이 있는 사람들은 알트코인을 위주로 투자한다.

그만큼 알트코인은 높은 변동성을 보인다. 비트코인이 일어나 기지개를 켤 정도로 상승하게 되면 알트코인은 벌써 일어나 전력 질주한다. 쉽게 말해 비트코인이 10% 상승하게 되면 알트코인은 수십%가 상승하게 된다는 말이다. 그래서 암호화폐 투자자들은 소대 병력을 투자하여 나올 땐 사단급 병력이 되어 돌아오는 사례가 많다.

그렇기에 암호화폐 유저들의 생각으론 비트코인이 최고점을 넘어서는 순간 내가 가지고 있는 수많은 알트코인도 같이 올라가리라 생각하고 투자에 열을 올리며 존버(끝까지 버티기)하고 있다.

하지만 필자의 생각으론 이제 알트코인에도 옥석을 가릴 시간이 점점 다가오고 있다.

시가총액 5천억 이상이 되지 않는 코인들은 이제 투자에 유의해야 한다. 5천억이라고 하는 시가총액은 전 세계의 집단지성, 즉 수많은 세력과 가치투자를 하는 개미들이 만든 시총이기 때문에 가지

고 있어도 믿을 수 있는 것이다. 또한, 필자와 같이 수년간의 하락
장을 맛보며 단련된 노련한 투자자들의 경험치를 비롯해 암호화폐
계에도 대기업이 속속 참여하고 있는 현재 상황에서 대기업을 이길
수 있는 알트코인들은 소수에 불과하다. 이제 드디어 대기업이 돈
이 되는 골목상권에 들어왔다는 얘기와도 같은 이치다.

블록체인계의 카ㅇ오톡을 꿈꾸며 시작한 댕댕이코인이 있다고
예를 들어보자. 카ㅇ오톡은 벌써 5천만 명이 넘는 유저를 확보했고,
카ㅇ오택시, 카ㅇ오자전거, 카ㅇ오대리 등 수많은 카ㅇ오페이 시스
템이 벌써 자리를 잡았다. 또 이제 명절, 고마운 일, 좋은 일이 있으
면 카ㅇ오톡으로 음료 쿠폰을 선물하는 것이 일상화 되었다. 그렇
기 때문에 카ㅇ오는 여기에 암호화폐를 추가하기만 하면 끝이다.
엄청난 수의 유저와 카ㅇ오톡 문화가 일상생활 속에 자리 잡았고,
그에 따른 충분한 재원적인 여건이 마련되어 있기 때문이다. 블록
체인계의 카ㅇ오톡을 꿈꾸며 출시한 댕댕이코인은 소수 얼리어답
터와 적은 재원으로 어떻게 카카오를 이길 수 있을까?

누가 이길까요?			
코인명	대기업 SNS 코인		중소기업 댕댕이 코인
사용처	SNS 활용 코인		SNS 활용 코인
유저 수	5,000만	VS	5만~10만
재원	조 단위		100억
사원 수	500명 이상		5~10명

세 번째 반감기가 진행되면 이제 암호화폐는 옥석을 가릴 때가 온다.

앞으로의 암호화폐는 사업성, 대중성, 상징성 등으로 무장하여 실생활에 쓰일 수 있는 코인들은 살아남을 것이다.

사업성을 가지고 있는 국내 코인은 카카오에서 만들고 있는 클레이튼을 꼽을 수 있다. 대기업 카카오에서 실험(?)하고 있는 클레이튼 코인이 성공을 거둔다면 이 코인은 크게 성장할 수 있다고 본다. 또한, 대중성과 상징성을 가지는 코인으로는 당연히 비트코인을 꼽을 수 있다. 비트코인은 대중성과 상징성을 동시에 가짐과 동시에 디지털 금의 역할을 하기 때문에 살아남고 상징적인 존재로 될 수 있다고 본다. 이제 각국 정부에서 암호화폐로 본격적인 과세를 위한 논의를 진행할 예정이라는 보도가 나오고 있다. 그렇다면 암호화폐 유저들은 과세를 피해 돈세탁을 할 수 있는 다크코인이 더욱 발전할 수 있을 것이라고 생각하므로 이것도 역시 살아남을 수 있다.

현재 5,000여 개가 넘는 암호화폐들이 출시됐는데, 필자의 생각엔 앞으로 대멸종의 시기를 겪게 될 것이라고 파악한다. 만약 살아남는다면 100여 종도 안 되는 암호화폐들이 살아남을 것이고, 이 암호화폐는 3,900여 종이 가지고 있던 시총들을 전부 흡수하여 더욱 높은 가격으로 올라갈 수 있다고 본다.

로또 1등 당첨하기 vs ○○코인에 투자하기 중 무엇이 쉬울까?

2017년대 상승장 시기, 암호화폐 투자자라면 200원하던 리플이 한 달 만에 4,800원까지 갔던 기억을 가지고 있을 것이다. 리플 100원에 1,000만 원을 투자했던 한 회사원은 4,000원 가까이 가자 직장 상사에게 시원하게 사표를 획! 던지고 나오는가 하면, 어르신 단체 관광을 가서 녹용과 함께 100만 원 주고 샀던 리플코인이 수십억 원이 되어 돌아와 부자가 된 얘기들이 많았다. 적은 돈으로 부자가 되는 환상 아닌 실제 상황이다. 우리는 좋은 꿈을 꾸게 되면 대박을 부르짖으며 곧장 달려가 5,000원짜리 로또 한 장을 사는 경우가 많다. EBS에서 재미있는 방송을 했는데, 욕조에서 미끄러져 죽을 확률(1/801,923)보다 열 배 더 희박하고, 벼락에 맞아 죽을 확률(1/4,289,651)보다 두 배 더 힘든 것이 바로 로또에 당첨될 확률(1/8,145,060)이라고 한다. 필자의 생각도 마찬가지다. 로또에 당첨될 확률보다 더 높은 것이 암호화폐라고 생각하고 좋은 꿈이 있으면 암호화폐를 사야 한다.

암호화폐 유저들을 중심으로 재미있는 실험을 해봤다.

---

1. 로또에 당첨될 확률
2. 암호화폐로 1,000만 원을 5,000만 원으로 만들 확률
3. 주식 1,000만 원을 5,000만 원으로 만들 확률
4. 월급 받아서 매달 저축해서 5,000만 원 만들 확률

이 4가지 중에 제일 쉬운 순대로 나열하면 어떤 게 제일 쉬울까요?

대다수의 암호화폐 유저들은 "2번 → 4번 → 3번 → 1번" 또는 "2번 → 3번 → 4번 → 1번"으로 나열하였다. 그만큼 암호화폐가 제일 자산을 모으기 쉽다고 생각하는 의견들이다.

그만큼 암호화폐를 통해서 손실도 많이 봤겠지만, 이득도 많이 본 경험이 있으니 할 수 있는 말들이다. 필자는 선배 투자자로서 암호화폐 초보 코린이들에게 전하고 싶은 말은 다음과 같다.

초창기 시장에 암호화폐에 대한 믿음만 있다면 누구나 자산을 모을 수 있고, 로또, 주식, 월급보다 더 빠르고 안전하게 암호화폐로 돈을 벌 수 있는 확률이 높다. 지금도 초창기 시장이다.

다만 그러기에는 수많은 방법과 믿음이 필요한데, 2장과 3장에서는 필자의 생각과 투자 방법을 공개하고자 한다. 수년간 필자가 느껴왔던 경험들을 암호화폐를 처음 시작하는 쌩 초보자들의 입장에서 진행하는 만큼 투자에 참고하여 잘 따라오시길 바란다.

암호화폐 투자 입문자가 자주 묻는 질문

Q. 비트코인을 투자하고 싶은데요! 블록체인 공부를 해야 투자할 수 있나요?

A. 아닙니다. 이 책만 읽어도 블록체인 공부하지 않아도 충분히 투자할 수 있습니다.

Q. 주식은 투자자들이 투자한 재원을 통해 회사의 수익 창출을 도모하는데 비트코인 회사는 어떻게 수익 창출하나요?

A. 우선 비트코인은 운영자, 즉 중앙 관리 체계가 존재하지 않습니다. 금을 빗대어 설명할 수 있는데, 금은 회사가 없지요? 똑같습니다. 비트코인

은 디지털 세계에 널려 있고 그것을 채굴 업자가 채굴하여 거래소에 공급하고 있다고 보시면 편합니다. 따라서 수익 창출의 목적 없이 화폐와 성격이 같습니다.

Q. 비트코인이 1억 원을 넘는 날이 올까요?

A. 네, 수량의 한계가 있으며, 미 행정부에서 경기 부양의 목적으로 대량의 달러를 찍고 있어 금리가 낮아지고 있고, 전 세계 부자들이 대거 투자를 하고 있으니 1억 원을 뛰어넘을 날이 아주 빨리 올 겁니다. 20년 안에 비트코인은 10억 넘게 될 것이라고 믿고 있습니다.

Q. 암호화폐 투자를 시작하고 싶은데 무엇부터 시작하면 좋을까요?

A. 먼저 거래소에 가입을 해야 합니다. 초보자도 쉽게 이해할 수 있고 가입 방법을 검색만 해도 충분히 알 수 있게 되어 있습니다. 단 거래소 가입을 할 땐 거래량이 높은 거래소에 가입을 하셔야 합니다. 개인적으로 사용해 보니 업x트의 UI가 매우 편하게 되어 있었습니다.

Q. 주식을 할까요? 아니면 암호화폐를 해야 할까요? 처음 시작하는 입장에서 무엇을 시작해야 할지 모르겠어요.

A. 필자가 암호화폐 서적을 집필했으니 당연히 암호화폐를 추천하지 않을까요? 암호화폐는 아래위 높은 변동성을 가지고 있기 때문에 적은 돈으로도 충분히 큰돈을 벌어들일 수 있는 구조로 되어 있습니다. 주식은 최소 10년 동안 투자해야 꽃이 필 텐데… 언제 그렇게 모을까요? 코인은 최대 4년이면 충분합니다. 600만 원으로 2년 동안 30억 원을 만든 청년 이야기 아시나요? 코인 세계는 그런 사람들 많습니다. 돈 없는 20~30세대들에게 특화된 투자 상품이라고 할 수 있겠네요. 만약 제가 여러분과 같은 초심자의 상황이라면 암호화폐 4년간 열심히 수익을 올리고 수익금을 바탕으로 주식 가치투자를 진행할 겁니다.

"

투자 시작하기 전

투자 시작하기 전

내 월급으로 1억 원을 모으려면 얼마나 걸릴까?

뉴스에 돈 많은 사람들 사이에서 심심치 않게 들리는 억 단위의 돈을 우리는 대수롭지 않게 넘어갈 수 있지만, 우리가 1억 원을 벌기 위해선 상상을 초월한다.

2018년 통계청 기준, 근로자 평균 임금 3,634만 원을 편하게 월 300만 원을 기준으로 잡고, 월평균 소비지출을 250만 원으로 잡고 매달 대략 50만 원에서 많게는 100만 원 정도 모은다고 가정하자.

금액	1년	2년	3년	4년	5년	···	9년	비고
50만 원	600만	1,200만	1,800만	2,400만	3,000만	···	5,400만	16년 소요
100만 원	1,200만	2,400만	3,600만	4,800만	6,000만	···	1억800만	9년 소요

앞쪽의 표를 보시다시피 100만 원을 9년간 적금을 넣어야 비로소 1억이 된다. 뉴스에서 1,000억에서 1조 단위는 많이 봐왔기 때문에 상식적으로 통장에 1억 원이 있는 건 어렵지 않다고 생각할 수 있다. 하지만 대출을 받지 않는 한 우린 살면서 통장에 1억 원을 보지 못하고 죽을 수 있다. 이제 주택담보대출도 어렵고 신용대출도 1억 원 이상 받을 수 없게 되었다. 코로나로 인해 실업 대란이 일어나고 있는데, 그나마 정부에서 주는 일자리 정책 지원금으로 버티고 있는 실정이다. 특히 심각한 것은 청년 실업률인데, 21년 만에 최악을 기록하고 있을 정도로 현재 우리가 사는 세상은 갑갑하다. 1억 원을 모으는데 10년에서 15년 정도 걸리는데, 청년 세대가 언제 취업해서 1억 원을 모으겠는가? 예전에는 연애, 결혼, 출산을 포기한 삼포 세대라는 말이 유행했다가 또 한 단계 발전해서 연애, 결혼, 출산, 집, 경력 5가지를 포함하여 오포 세대가 나왔고, 이제는 희망/취미와 인간관계까지 7가지를 포기한 칠포 세대가 나왔다. 현재는 신체적 건강과 외모를 포함해 9가지를 포기한 구포 세대라는 말까지 나오고 있다.

대한민국에서 20·30세대들은 코로나, 취업, 물가, 등록금, 월세, 가족 등 경제·사회적 압박으로 인해 모든 것을 점점 포기하고 있다. YOLO(현재 자신의 행복을 가장 중시하고 소비하는 태도), 혼밥·혼술(혼자 밥과 술을 먹는 문화) 등 사회 전반적으로 포기로 인한 다양한 문화가 확산 발전되고 있다. 젊어서 고생은 사서 한다는 말은 이제 권위적인 사고를 가진 어른들, 짧게 말해 꼰대들의 전유물로 바뀌었다.

이제 세상은 내 몸 하나 간수하기 힘든 난세의 시대가 왔다.

우리들 대부분은 빚으로 얼룩진 돈의 노예가 되어 1억 원을 통장에 꽂아보지 못하고 삶을 마무리할 수밖에 없다.

앞으로 50년 안에, 재수 없으면 200세까지도 살 수 있다는 재밌는 얘기가 나올 정도로 미래는 노화를 질병으로 규정지으며 차츰 정복해가고 있다. 따라서 우리는 이제 재수 없으면 150년 넘게 배고프게 살다 죽을 수 있는데, 평생 YOLO를 외치며 살 수 있을까?

" 하루아침에 돈 아끼지 못한다.
월급 아낄 생각 말고 기존처럼 열심히 쓰자.

지금 이 책을 보는 사람들은 전혀 독한 사람들이 아니다. 솔직하게 말하자면 90% 이상은 아마도 필자가 쓴 자극적인 제목을 보고 왔을 것이다. 이 책을 고른 사람들은 분명 필자의 비결을 듣고 "150만 원으로 나도 아주 쉽게 꿀 빨아 보자"라는 생각으로 읽는 사람들일 것이다. (감사합니다.)

정말 독한 마음을 가지고 있는 사람들이 아닌 이상 생활 패턴을 하루아침에 바꾸기란 정말 힘든 사람들이 대다수일 것이다. 나도 공감한다. 그러므로 월급은 웬만하면 평소 그대로 쓰는 것을 원칙으로 하자. 가능하다면 평소 쓰는 씀씀이에서 90% 정도만 지출하면 좋겠다는 바람이다. 만약 부담이 안 된다면 90% → 다음 달에는 80%만 지출하자. 딱 이 정도만 지출해도 훌륭하다. 이 정도는 누구나 할 수 있는 쉬운 게임이다. 대신에 주로 소비하는 것을 최대한 줄이도록 하자. 20 · 30세대가 가장 많이 소비하는 것이 기호식품과 교통비인데, 이 두 가지만 줄여도 획기적으로 줄일 수 있다. 기호식품 줄이기는 이 책에서 계속 다루기로 하겠다.

본인도 자린고비 투자를 진행할 때 내 생활 패턴을 바꿀 생각을 전혀 가지지 않고 시작했다. 왜냐면 목표와 계획을 플래너에 적는다고 해도, 그것은 반드시 귀여운 종이 쓰레기가 될 것을 뻔히 잘 알기 때문이다. 실제로 목표를 여러 번 작성해 봤는데 이틀 정도는 이루어졌다. 하지만 그 목표를 이루기 위해서는 내가 처한 상황에 대한 다짐이 필요한데 그러기엔 매우 힘들다. 1억 빚을 매달 수백만 원씩 내는 이 상황에도 칼로리 보존 법칙을 훌륭하게 수행하고 있는 몸뚱이와, 특히 그 위에 장식으로 달아 놓은 내 머리는 전혀 자린고비 컨트롤타워 역할을 하지 못했다. 그 때문에 나의 자린고비 투자 프로젝트는 좌초될 위기에 빠졌던 적이 있었다.

" 너 1억 원 있으면 뭐 할래? 1억 버킷리스트 작성하기

장식품에 불이 붙으면 형태가 바뀐다. 똑같다. 확실하게 하고 싶으면 목표 안에 열정을 새겨 넣는 작업을 해야 한다. 1억 원을 벌게 되면 어떤 것을 진행할 것인지에 대한 목표 설정만 명확하면 절반의 열정을 채울 수 있다. 또 버킷리스트를 먼저 작성하기 앞서서 내가 무엇을 좋아하는지 성향을 알아야 한다. 자기 자신을 20년 이상 알아 왔겠지만 모르는 것도 많을 것이다. 그래서 버킷리스트를 작성할 때 MBTI 검사를 진행하는 것도 좋다. MBTI 검사 결과를 가지고 유튜브에 MBTI 유형별 해석을 해 놓은 영상을 보면서 나의 성격을 다시 알아보자. 필자는 MBTI 검사를 했을 때 ENFP 스파크형이 나왔다. 그것도 아주 정확하게 나왔기 때문에 자신의 성격을 잘 알고 있다. 이후 버킷리스트를 적게 되면 내가 못 느꼈던 것들도 많이 적게 된다. 버킷리스트는 많으면 많을수록, 세밀할수록 좋다. 형식은 자유롭게 적는다. 구어체로 적을 수도 있고 문어체 다나까 형식으로 적어도 된다. 또 버킷리스트에 새로이 떠오르는 내용과 말 문구 등이 있으면 자주 업데이트하자. 버킷리스트를 행복하게 작성하고 있을 때, 자신이 향후 몇 달 뒤 본인에게 전달되어 마음이 움직였는지, 움직이지 않고 우직하게 존버하고 있는지를 알려줄 수 있는 마음의 편지(?) 형태가 될 것이다.

〈1억 원 버킷리스트 작성하기〉 요약

1. MBTI 검사를 진행해서 내 성격을 바로 알자.
2. 이루고 싶은 것들은 많으면 많을수록 좋고 아주 자세할수록 좋다.
3. 거울 속의 나와 대화를 해야 하므로 사투리 OK! 글자 틀려도 무조건 OK~! 아주 자유롭게 막 적어 넣는다.
4. 버스에 타서 멍때릴 때, 운전할 때, 심심할 때 생각나는 내용과 문구 등이 있으면 자주 업데이트를 해준다.
5. 다른 사람들이 보면 부끄러우니 나만 볼 수 있는 어딘가에 놔둔다.

아래는 내가 1억 원 모으기 프로젝트를 진행할 때 만들었던 버킷리스트이다. 글자가 다 틀려도 삐뚤삐뚤 낙서하듯이 작성한 버킷리스트이다. 내가 그때 다짐한 느낌을 그대로 살려 나중에도 내가 다짐했던 느낌의 기억을 잊어버리지 않도록 내가 가졌던 생각을 마음껏 적어 놨다.

내가 1억을 모은다면 ○○○을 하자!! 홍지윤 1억 버킷리스트!!

내가 만약 1억을 벌게 된다면 나만의 책을 만들자!

지구촌에 왔으면 책 한 권은 만들어야 하는 법 아닐까?

우리 할머니와 친지들에게 내가 만든 책을 선물로 주거나, 은근히 알 수 있도록 카카오톡 프로필 사진으로 걸어두자. 또 인생의 경쟁 상대이자 롤모델이었던 예전 첫사랑 친구에게도 한 권 선물로 주자!! 내가 그 친구보다 부족한 것은 아직 많다. 그러나 전에서는 부족함이 없지 않나! 열심히 살아가고 있다는 것을 알리자.

맞다! 카카오톡 프로필 사진도 걸어두고 페이스북에도 홍지윤 책 썼다는 것을 올리자ㅋㅋ

만약 책 집필에 성공했다면 네이버 검색창 인물정보에 내 이름이 뜰 수 있도록 하자. 인물정보에 뜨기 위해 가장 잘 나온 이미지 사진을 떡 하니 붙여 두자.

빚을 갚자. 내 천추의 한이다. 이 쌍놈의 빚 때문에 내가 하고 싶은 자기
계발 활동도 못 하고, 여행도 못 가보고 하루하루를 치열하게 살 수밖에
없었다. 이놈을 쫌 없앤다면 또 다른 목표를 가지고 열심히 살 수 있을텐
데… 꼭 이놈을 지워서 내가 진정 원하는 또 다른 목표를 찾아보자.
지윤아 생각해 봐라. 내가 이 빚을 갚으려고 몇 년 동안 개고생했는데도
못 갚았자나? 오히려 코로나 때문에 더 늘어나기도 했자나. 그리고 연말
연초에 작성하는 홍지윤 플랜에서는 빚 갚기가 매년 목표를 잡고 있는데
도 그걸 못 갚는다는 게 말이 되나? 얼마 전에 내 지인들은 빚 다 갚았다
고 얘기를 SNS를 통해서 들었자나? 너도 이참에 빚을 다 갚고 SNS에 시
원하게 올려보자 !!

홍지윤 빚 청산 파티 열기
입구 벽면 왼쪽과 오른쪽에 칸을 만들어서 홍지윤을 힘들게 했던 사람은
왼쪽, 홍지윤을 응원했던 사람은 오른쪽에 집어넣자. 대문짝만하게 빚 다
갚은 홍지윤 전신 사진을 X배너로 만들어서 내 옆에서 모두가 사진을 찍
고 인증샷을 만들 수 있게 만들자.

홍지윤 페스티벌을 만들자
축제 만들 때 소원이 아무도 간섭 없는 축제 만드는 것이다. 재밌는 축제
를 만들고 싶어도 갑질 당하며 돈으로 축제를 만들어야 하니 너무 힘들
다. 내가 만들고 싶은 아이템도 절대 못 만드는 그 현실… 너무 힘들다. 차
라리 내가 스스로 내 축제를 하나 만들어 공무원 눈치 안 보고 내가 즐길
수 있는 축제를 만드는 걸로 해보자. 이름은 홍지윤 페스티벌이 가제이긴
한데… 혹시라도 지역에 선배 기획자들이 머라 하면 어떡하지… 고민되
긴 하다. 그땐 이름만 살짝 바꾸는 걸로… 히히

장기 여행 가자

빚도 청산하게 되었는데 2개월~3개월간 어학연수를 가서 원없이 영어공부를 하고 영어가 이제 쪼매 되면 영어가 되는 못사는 나라에 가서 꼬마 애들에게 한국을 알릴 수 있는 일을 한번 해보자.

요즘에 생각이 드는 것이 고려인이 많은 중앙아시아로 가서 고려인들과 뭔가 할 수 있는 프로젝트를 만드는 것도 좋다는 생각이 든다. 일단 그런 것도 생각해 보도록 하자.

평소 사업상 자주 가는 은행에 들러 시원하게 1억을 1만 원짜리로 전부 다 뽑아 보도록 하자. 그렇게 앉아 있으면 깐깐한 지점장님이 나와서 갑자기 1억을 왜 뽑으시냐고 말씀하실 수 있고, 난생처음 VIP실에 들어가서 커피를 마실 수도 있고, 사은품을 받을 수도 있고 하니… 한번 해보자.

고려인들의 처우를 알리고 고려인들을 우리 대한민국 국민으로 편입될 수 있게 널리 힘쓰자. 고려인 홍범도 장군은 봉오동 전투에서 승리를 하시고 이후 러시아에 의해 머나먼 중앙아시아로 강제 이주를 당하셨지… 안타깝기도 하면서 고려인은 우리 민족이라고 생각하는데도 불구하고 아직도 배척당해야 한다니… 이런 것은 내 자신이 나서서 인식 개선을 해야 한다고 생각함.

사업 파트너 예진이에게 차 사주자.

비싼 차는 못 사주지만… 중고차 하나는 작게 사주는 걸로…ㅋㅋ

문화·예술 직업군에서 대한민국 상위 1%가 되자.

투자는 창의성을 기반으로 하는데, 문화·예술 분야도 창의성을 기반하고 있어 비슷하다.

나의 성공으로 후배들에게 '문화예술 = 가난한 직업' 이미지를 심어 주지 말자. 오히려 "문화예술은 = 투자에 적합한 직업" 이미지를 심어 주자.

돈 조금 못 벌어도 되니까, 이제 더 이상 갑질에 무기력하게 당하지 말자. 공무원이 갑질한다면 나도 당당하게 맞서 내 부당함을 말하자. 지윤아. 너가 투자를 하기 위한 목적이 이런 거 아니겠니? 싫은 소리도 내야 한다고 생각한다.

어디서든 당당해지자.
예전에는 내 이미지에 금 갈까 봐 사람들 눈치 보며 절약을 했지만 이젠 당당하게 아낄 수 있는 사람이 되자.

❝ 투자의 기본은 ○○줄이기

　우리는 삶의 여유를 가지기 위해 투자가 필수다. 하지만 20 · 30세대는 대개 이렇게 말을 한다.

　"난 투자할 돈이 없어요"

　20 · 30세대가 무슨 돈이 있을까? 없다. 하지만 내가 쓸 돈을 아끼면 가능하다.

　평범한 30대 남성이 하루 동안 평균 얼마나 돈을 쓰는지 알아보도록 하자.

　'밤늦게 넷플릭스로 미국 드라마를 보다 일어나니 출근 시간이 얼마 안 남았다. 대중교통으로 출근해야 하는데 지각할 수 있어서 택시를 탔다. 택시비는 10,000원 정도 나왔다. 오전에 업무 미팅이 있어서 카페에 들렀다. 초면에 더치페이하자고 하긴 그래서 내 카드로 다른 사람 것까지 음료 주문을 다 했는데 20,000원이 나왔다. 업무 미팅이 끝나니 점심시간이다. 지금 회사 가도 같이 먹을 사람이 없을 것 같아서 주변 식당에서 10,000원짜리 한정식 세트를 먹고 나온다. 회사 일이 끝나고 스터디 모임 때문에 카페에 가서 음료 주문을 시키고 회원들과 얘기했다. 시간을 보니 밤 9시였다. 집에 가는 길 대형마트 잠깐 들러 할인 중인 튀김류 음식과 맥주 등 전부 해서 20,000원어치 구매하고, 집에서 넷플릭스 보면서 혼자 술 한잔한다.'

30대 남성은 하루 동안 6만 원의 돈을 지출했는데 나는 얼마나 쓸까? 우리는 부담 없이 소비하고 있다. 그저 우리는 소비를 당연히 해야 하는 것이라고 생각한다. 무분별한 소비가 얼마나 무서운지 뼈저리게 느껴야 한다. 실제로 취업 포털 업체인 잡코리아에서 20~30대 직장인 2,427명을 대상으로 '지출 현황'에 관한 설문조사를 진행했다.

1. 커피 등 기호식품 구매 비용
2. 출퇴근 시 사용하는 고정 교통비
3. 식비
4. 지각 택시비 등 추가 교통비
5. 경 · 조사 비용

매우 아까운 지출이다. 업무상 필요하기도 하고, 친목 도모를 위해 지출할 수밖에 없는 상황인 건 안다. 하지만 돈을 버는 것에 비해 지출이 많아 매달 카드값으로 허덕이고 있다면 분명 잘못된 일이다.

대학교 졸업까지 평균 소모되는 비용을 1년에 1,500만 원으로 잡을 때, 4년간 6,000만 원이 필요하다. 결혼 자금으로 최소 5,000만 원 이상 있어야 하며, 아이를 낳아 키우면 최소 20년 동안 3억 원 정도의 비용이 든다. 기본적으로 5억 원 정도는 있어야 살 수 있다. 이 글을 보고 있는 여러분은 부자인가? 이 정도 돈을 마련할 수 없다면 본인은 피할 수 없는 흙수저다.

습관을 고쳐 소비를 조금이라도 줄인다면 충분히 투자금을 만들 수 있다.

지출을 막는 것이 투자의 기본기다. 따라서 투자의 기본은 차트를 보는 것이 아니라 지출하려는 나의 욕구를 억누르는 것이다. 하지만 욕구를 억누르기만 하면 언젠간 소비 욕구가 한꺼번에 분출되면서 문제가 터지게 되기 마련이다.

그래서 나의 욕구를 억누르고 난 후 나만의 보상을 주는 방법을 설정하고 지출을 아낀 것에 대해 즐거움을 느껴야 한다.

1만 원 절약	→	1만 원 투자
절약 후 투자에 대한 즐거움 찾기		

" 1만 원 자린고비 투자, 농담하세요? 투자는 목돈이죠! 목돈 없이 어떻게 투자해요?

여러분들은 당연히 그렇게 느낄 것이다. 하지만 푼돈 투자로 어떻게 목돈을 만드는지 의심하는 사람들이 있을 것이다. 증권 분석의 아버지이자 워런 버핏의 스승 벤저민 그레이엄은 이런 말을 남겼다.

"투자란 철저한 분석을 통해 원금을 안전하게 지키면서도 만족스러운 수익을 확보하는 것이다. 그렇지 않으면 투기다."

-벤저민 그레이엄-

내가 목돈을 가지고 투자를 한다면 백이면 백 투자에 실패한다. 벤저민 그레이엄이 말했듯이 투자 상품에 대해 철저한 분석 없이 진행하는데 어떻게 성공할까?

"한 가지 투자 상품으로 수익을 창출하기 위해선 기본적으로 1만 시간 정도가 필요하다."

1만 시간의 법칙처럼 어떤 분야의 전문가가 되려면 하루 3시간씩 10년 혹은 10시간씩 투자해서 3년 정도의 교육이 필요하다. 바쁜 현대인이 그 정도의 시간을 내기엔 어렵다. 보통 투자를 일반적으로 아는 사람들이 되려면 전문가의 30% 시간을 투자해야 한다. 약 3,000시간 정도 필요하다는 것이다.

투자 세계에서 요행은 통하지 않는다. 목돈을 가지고 그저 주변 친구나 사람들이 말해주는 것만 받아먹고 투자를 하는 사람들은 절대 성공할 수 없다는 뜻이다. 주식 · 코인 전문가라고 사칭하며 매일 스팸 문자를 보내는 사람들의 말을 들으면 겉보기엔 휘황찬란하겠지만, 투자에 대해서 아는 사람들이라면 거의 모든 사람이 사기꾼들이란 걸 알고 있다. 믿지 말고 나 자신이 공부해서 옳은 것과 옳지 못한 것을 받아들일 마음가짐을 가져야 한다.

실제로 만나 봤던 사람들의 사례를 바탕으로 설명하겠다. 여러분들도 아래와 같은 상황이 많이 발생할 것이니 참고하길 바란다.

1. 대출 내어 2,000만 원을 투자한 회사원

나는 퇴근길 버스에서 비트코인이 오른다는 기사를 봤다. 매일 최고치를 갈아 치우며 사람들이 어마어마한 돈을 벌고 있다는 얘기를 들었다. 그래서 이제 나도 투자를 해야겠다고 결의하고 큰맘 먹고 500만 원 신용대출로 비트코인에 투자를 시작했다. 투자를 처음 한 시기에는 승승장구하면서 돈을 벌었고, 잠을 자고 일어나기만 하면 적게는 수십만 원에서 많게는 수백만 원이 불어나 있었다. 난 투자에 자신감을 느껴 비트코인이 떨어질 때 추가 신용대출과 카드 대출을 하여 계속 추가 구매를 진행하였는데 비트코인이 50% 넘는 급락을 보였다. 생애 처음 암호화폐로 투자를 진행한 나는 차트를 볼 줄 몰라 왜 떨어지는지 몰랐다. 그저 오를 줄 알고 계속 돈을 넣었는데 몇 달 후 잔고는 –89%를 찍어 200만 원밖에 남지 않게 되었다.

엄청난 하락 이후부터 차트 공부와 암호화폐 역사에 대해 공부했다. 그 이후 하락에 대한 이유를 이제야 알게 되었다. 하지만 벌써 내 잔고는 뺄 수도 없을 만큼 하락한 상황. 어쩔 수 없다. 열심히 버티자. 그날을 위해!

2. 코인 투자방 모집 광고를 통해 투자 시작한 회사원

우연히 문자에 코인 투자방 모집 광고를 봤다. 처음에는 대수롭지 않게 여기고 넘겼는데, 잊을만하면 한 번씩 문자가 오면서 추천했던 코인들의 상승 인증 샷을 보여 주었다. 문자들을 보면서 거짓말은 아니구나 생각했고 투자 상담을 받았다. 투자 상담을 받고 확신을 가졌고, 가입비를 내고 텔레그램 투자방에 가입했다. 이후 목돈을 빼서 투자를 시작하게 되었다. 매일 텔레그램으로 종목 투자 문자가 날아왔는데, 이상하게도 조금 오르는가 싶더니 떨어지는 코인들이 많이 발생했다. 10개 중에 한두 개는 수익이 났고 나머지 8개는 손해를 보는 게 다반사였다. 점점 손해를 보는 것이 많아져서 투자방에 클레임을 제기하니 곧바로 나를 강퇴시켰고, 화가 나서 전화를 했는데 바뀐 번호였다. 손해 금액이 적지 않아 화가 났지만, 나를 구제해줄 수 있는 곳이 없었다. 이제 와서 보니 거래량이 적고 상장 폐지 직전인 코인들을 추천해 주며 세력의 물량 떠넘기기 작전(일명 설거지)에 당한 것이다.

3. 노후자금 1억을 투자했던 건설 기술직 아저씨

건설 현장에서 일하다 보니 수많은 분야의 사람들을 만나게 된다. 하루는 건설업 동료들과 보쌈에 소주 한잔하는데, 친한 동료가 비트코인을 추천해 줬다. 나는 TV에 매일 나오는 이상한 다단계인가 싶어 손사래를 쳤지만, 그 친구의 수익률을 보고 난 뒤 놀랐다. 수익률이 어마어마했던 것이다. 집에 와서 자기 전까지 많은 생각에 잠겼다. 친한 동료는 저렇게 큰 이익을 얻었는데, 나도 이제라도 투자를 시작해서 우리 딸 결혼식 할 때 보탬이 될 수 있도록 해줘야겠다는 생각이 들었다. 며칠 뒤 비가 와서 건축 현장에 일을 나가지 않아도 되어 집사람과 딸 몰래 은행에 가서 대출을 받기로 결심했다. 그렇게 처음엔 3,000만 원을 대출해서 넣었다. 그런데 며칠 뒤 갑자기 –20% 폭락을 하였다. 나는 속으로 그 동료를 욕하며 다시는 안 해야지 하고 넣어 놓은 투자금을 다 빼고 며칠간 술을 먹으며 울분을 삭였다.

일주일 후 –20%까지 폭락했던 암호화폐는 언제 그랬냐는 듯 +50%까지 올라갔고, 나는 그때 또다시 좌절을 맛봤다. "왜 내가 그때 팔았을까? 그냥 가지고 있으면서 버티기만 해도 벌었을 텐데…"라고 생각했다. 나는 다시 암호화폐를 시작했다. '리플'코인을 추천해 주는 사람들이 많아서 리플코인으로 투자를 시작했다. 하지만 역시나 얼마 뒤 폭락하였다.

반면교사라는 말이 있다. 다른 사람이나 사물의 부정적인 측면에서 가르침을 얻는다는 뜻인데, 폭락을 반기며 언젠가 오를 거라고 생각했다. 떨어질 때마다 수천만 원씩 넣어 지금은 리플코인에 1억 5,000만 원이나 대출금을 넣게 되었다. 하지만 코인은 –50%가 되어 반 토막 나 있었던 상황이었다. 그래도 나는 희망을 잃지 않으며 언젠가 오르겠지 하며 버텼다.

어느 날 술을 먹다 비트코인을 비롯한 모든 코인이 죄다 오르는 걸 보았다. 그런데 다른 코인들은 오르는데 왜 내가 가지고 있는 리플코인은 안 오를까?

내가 가지고 있는 코인은 안 오르고 남들이 구매한 다른 코인들이 오르고 있으니 불안함 마음을 감출 수가 없었다. 하필이면 내가 예전부터 눈여겨봤던 다른 '비트코인에스브이'가 크게 상승하고 있었다. 술이 확 깼다. 심장이 두근거렸고 남들이 투자한 다른 코인들은 쭉쭉 잘 올라가 주는데 이딴 리플코인을 구매해서 이 지경이 된 것인가 하며 속으로 되뇌며 분노했다. 술을 서너 잔 쭉 원샷 하며 코인 차트를 열었다. 리플코인을 팔아 예전부터 눈여겨 왔던 비트코인에스브이에 매수 버튼을 눌렀다. 다음 날 일어나 보니 술김에 확 투자했던 '비트코인에스브이'에 20% 수익이 났다. 난 속으로 쾌재를 부르며 계속 기다렸다. 며칠 뒤 비트코인에스브이의 수익이 8%대로 떨어졌다. 눌림이 왔던 것이다. 그런데 내가 수개월 동안 묵묵하게 자신의 자리를 지키던 리플코인이 갑자기 300%나 상승했다. 나는 땅을 치며 후회했다. 아니, 나 자신을 혐오했을 정도다. 그래서 다시 300%가 되어 있던 리플코인에 넣었다. 당시엔 코인을 몰라서 최고점이라는 생각도 못 하고 투자를 했다. 그러자 리플코인은 빠르게 급락하여 내 투자 자산은 반의반 토막이 나고 말았다. 오늘도 술이구나…, 코인의 세계는 정말 어렵다.

투자 세계에 처음 입문하는 본인은 분명히 실력이 전혀 없다는 사실을 인정해야 한다. 또 주변 사람들이 얘기하는 것에 혹해서 내 돈의 투자 방향을 결정하는 바보 같은 사람임을 무조건 인지해야 한다.

"암호화폐 시장은 초보 투자자들의 돈을 뺏기 가장 최적화된 시스템을 가지고 있다."

그래서 필자는 여러분들의 소중한 자산을 지키고, 코인 투자 세계를 공부했으면 좋겠다는 생각에 자린고비 투자를 권하는 것이다. 자린고비 투자로도 충분히 큰돈을 벌 수 있다. 필자도 자린고비 투자로 큰 이익을 얻은 경험이 있다. 그래서 투자는 욕심을 줄이고 내가 가지고 있는 기회비용으로 투자를 해야 한다. 아래는 코인을 투자하기 가장 적합하고 올바른 예이다.

1. 투자에 대해서 아무것도 몰랐던 주부, 하지만?

나는 30대 주부다. 집안일 이후 매일 맘카페에서 만난 동네 또래 아주머니들과 수다를 떠는 것이 낙이다. 갑자기 그때 비트코인이 주제로 나왔다. 비트코인에 대해서 호기심이 있었던 나는 아무 생각 없이 빗썸이라는 암호화폐 사이트에서 100만 원으로 비트코인 2개를 구매했다. 그러고 세월이 몇 년 흘렀는데 뉴스에서 암호화폐 얘기가 나왔다. 예전에 구매했던 걸 까맣게 잊고 암호화폐 거래소에 들어가서 회원 가입을 진행하였는데 회원 가입이 안 되었다. 아니? 남편이 나 몰래 아이디 만들었나? 반신반의하며 아이디와 비밀번호를 찾고 들어갔는데 아니 이럴 수가! 100만 원으로 산 비트코인 2개가 4,000만 원이 되어 있다. 그때서야 예전에 비트코인을 구매했던 기억이 생각났다. 로또에 걸린 기분이 들었다. 아니 땅 파니 땅에서 금을 찾은 기분이었다. 오늘은 남편과 소고기 파티다!

2. 1만 원 푼돈을 투자하는 대학생

학교 끝난 뒤 틈틈이 아르바이트하면서 우연히 스마트폰으로 비트코인 기사를 봤다. 비트코인이 수천만 원을 호가한다고 들었다. 심심해서 1만 원을 넣어 비트코인을 구매했다. 신기하게도 1만 원을 넣으니 얼마 뒤 500원이 불어났다. 500원이면 라면 한 봉지를 살 수 있는 가격인데 놀랐다. 그래서 비트코인 투자를 결심하고 돈을 모았다. 대학생이라서 대출은 너무 무서워서 포기했다. 그 대신 하루 식비 4,000원을 아끼고, 원래는 버스를 탔으나 자전거를 타고 10km가 넘는 거리를 일찍 출근하면서 교통비 1,500원을 줄였다. 심야 퇴근 시간에 사장님이 주시는 택시비 2만 원을 받았다. 난 택시 타고 가지 않고 자전거를 타면서 갔다. 아르바이트로 돈을 벌었지만 난 아껴서 2만 5,000원을 벌었다. 이걸로 비트코인을 사면서 돈을 아낄 때마다 차곡차곡 비트코인을 모아 갔다. 어느 날 갑자기 비트코인이 급락하더니 반 토막이 나버렸다. 속상했지만 넣었던 투자금을 빼기엔 아깝지 않은 돈이라서 그대로 넣어두기로 하고 암호화폐에 대해서 공부를 시작했다. 차트도 공부하고 암호화폐의 역사에 대해서 공부하니 이제 하락에 대한 이유를 알게 되었다. 하락 후 나는 평소와 다름없이 돈을 벌 때마다 차곡차곡 돈을 넣어 적금하듯이 넣었다.

그 시기 2,000만 원을 호가하던 비트코인이 90% 넘게 하락하여 300만 원밖에 되지 않았다. 비트코인의 미래 가능성을 알고 있던 나는 그때부터 4개월간 비트코인을 집중적으로 더 모으기 시작했고 밥값을 아끼고 술값을 아꼈다. 꾸준히 택시를 타지 않고 버스를 타고 다녔고, 옷도 사지 않고 계속 아끼고 버티며 어느덧 비트코인 2개를 모으게 되었다. 그러고 얼마 뒤 내 코인은 갑자기 6배 상승하게 되어 내 자산은 약 4,000만 원이 되었다.

여러 가지 사례를 보면서 공감하는 바가 클 것이다. 암호화폐는 절대 돈이 많다고 성공하는 시장이 아니다. 공부와 흐름이 유일하게 살길인 시장이다. 그렇기 때문에 암호화폐를 처음 투자를 할 때는 자린고비 투자 방법이 매우 중요하다. 적은 기회비용을 가지고 충분히 투자할 수 있고, 그 기회비용에서 손실이 발생하더라도 초심을 잃지 않으면 투자를 계속 진행할 수 있기 때문이다. 암호화폐를 적은 기회비용으로 투자하면서 점점 내 자산이 증가하는 것을 즐길 수 있었으면 좋겠다. 안 좋은 소비 습관을 바꿀 수 있으며, 동시에 남은 기회비용을 가지고 투자에 활용하여 목돈을 만들 수 있으니 명심하길 바란다.

2017년 코인에 1억 원을 투자한 사람들은 600만 원밖에 남지 않았다. 하지만?

비트코인이 2017년 2,800만 원까지 치솟고 난 후, 비트코인을 제외한 거의 모든 알트코인들이 고점 대비 약 90% 이상 하락했다. 1억 원을 투자한 사람들이라면 500만 원이 된 것이다.

암호화폐 시가총액 4위 라이트코인을 보자. 한때 50만 원을 호가했던 코인이 3만 원까지 떨어졌다. 만약 1억 원을 투자했다면 600만 원 밖에 남지 않게 된다는 의미다.

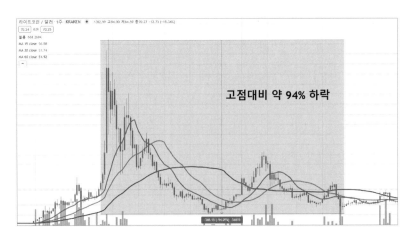

여러분들은 이것을 듣고 무서움을 느낄 수도 있다. 하지만 나는 무서움보다 희망이 있다. 한때 50만 원을 호가했던 암호화폐를 3만 원에 살 수 있으니 땡잡은 기분이 들지 않은가?

"1억 원이 600만 원으로 되었다면, 반대로 600만 원이 1억 원이 될 수 있다."

필자는 지난 3년간의 하락장에서 우리에게 큰 기회의 장을 선물해 주었다고 믿고 있다. 10년 전 200원으로 시작했던 비트코인은 여러 번의 큰 하락장을 겪으면서도 기어코 전 고점을 넘었다. 다른 알트코인들도 마찬가지로 비트코인과 함께 고난을 계속 넘어섰다. 라이트코인도 예외가 아니다. 초창기 3,000원으로 시작했던 코인이 며칠 만에 6만 5,000원까지 올라가 주었고, 이후 500원까지 떨어져 99%의 하락을 보여줬다. 당시 라이트코인을 투자하던 사람들의 심정이 어떠하였을까? 그랬던 라이트코인이 약 4년 만에 시원하게 전 고점을 돌파하며 50만 원까지 가게 되었다. 앞으로 라이트코인도 비트코인 못지않게 전 고점을 돌파하고 큰 상승을 해줄 것이라 생각한다. 주변 지인들은 이 점을 인지하고, 코인의 성장 가능성을 믿으며 3년간 기회를 주는 알트코인들에게 감사함을 느끼며 매일 기회비용을 투자하고 있다. 내 돈 1만 원이 수십 배의 가치로 변화될 것을 기대하며 말이다.

" 담뱃값을 아끼자

흡연자에게 금연을 권하기엔 정말 어렵다. 이 책을 보고 금연을 했다는 사람이 한 명이라도 있다면 나는 그 사람에게 밥 사주고 싶다. 담뱃값은 자린고비 투자법의 최고의 재원이 되기 때문이다. 흡연자는 대개 하루에 한 갑 정도의 담배를 피운다. 담배 한 갑에 4,500원이 들어가는데 이게 한 달이 되고 1년이 되면 목돈으로 바뀌게 된다. 하루 담배 한 갑을 구매한다고 가정했을 때 소비되는 돈을 보면 아래와 같다.

1개월 동안 흡연하였을 경우 지출되는 액수
4,500원 × 30일 기준 = 135,000원 (1년 1,620,000원)

(금액 단위: 원)

지출 금액	1월	2월	3월	4월	5월	6월
	135,000	270,000	405,000	540,000	675,000	810,000
	7월	8월	9월	10월	11월	12월
	945,000	1,080,000	1,215,000	1,350,000	1,485,000	1,620,000

10년 동안 흡연하였을 경우 지출되는 액수
4,500원 × 365일 = 1,642,500원(10년 16,425,000원)

(금액 단위: 원)

지출 금액	1년	2년	3년	4년	5년
	1,642,500	3,285,000	4,927,500	6,570,000	8,212,500
	6년	7년	8년	9년	10년
	9,855,000	11,497,500	13,140,000	14,782,500	16,425,000

1년에 162만 원, 10년에 1,600만 원이라는 돈이 절약된다. 만약 암호화폐에 미래 가치를 느끼고 담뱃값을 아껴서 매일 암호화폐에 투자한다면 여러분은 부자가 될 수 있다. 암호화폐는 매우 심한 변동성을 가지고 있어서 하루아침에 300%가 올라가는 시장이기 때문에 적은 돈으로도 충분히 큰 이익을 얻을 수 있기 때문이다.

　실제로 암호화폐를 통해 금연에 성공한 대학생이 있다. 진영이는 (가명) 고등학교까지만 해도 담배를 피우지 않은 비흡연자였다. 비흡연자였던 진영이는 대학교에 입학한 뒤 학업과 취업에 의한 스트레스로 인해 동기들을 따라 담배를 피우게 되었다. 처음 담배를 피울 때 자신이 가진 학업과 취업의 고민이 하얀 재가 되어 날아가는 듯한 느낌이 들었다. 스트레스를 담배가 달래주는 기분에 젖어 지속해서 흡연을 하게 되었다. 시간이 지나고 하루 담배 한 갑을 필 정도가 되었다. 급기야 생활비가 부족하게 되어 아르바이트를 뛰어야 할 정도였다.

　어느 날 필자가 암호화폐에 투자하는 것을 우연한 기회에 알게 되었고, 생계가 빠듯한 진영이는 암호화폐 투자에 관심을 갖게 되었다. 필자는 그에게 자린고비 투자하는 방법을 알려주었고, 금연을 통해 생긴 담뱃값을 암호화폐에 투자하라고 주문하였다. 그때부터 진영이는 담뱃값 4,500원씩 업비트(암호화폐 거래소) 통장으로 매일 입금하였다. 물론 금연이라는 것이 매우 어려웠기에 주변 친구에게 담배를 얻어 피우거나 버려진 꽁초도 찾으면서 흡연하기도 했었다. 그리고 남은 담뱃값을 꾸준하게 비트코인에 투자하였고, 골초였던 진영이는 자연스레 금연을 하게 되었다. 그렇게 하여 업비트 통장에는 돈이 쌓이게 되고, 그 돈을 필자의 조언에 따라 리플코인을 매수하였다. 그 당시 리플코인은 "암호화폐가 망해도 리플은 간다."라는 말이 있을 정도로 시가총액도 높고 사용처가 분명했기 때문에 믿을 만한 투자였다. 진영이는 담뱃값을 조금씩 모아 꾸준히 리플코인을 매수하고 있을 때 하루아침 사이에 리플코인이 50% 넘게 상승한 것을 보게 되었다. 그때부터 암호화폐로 잘만 하면 목돈을 마련할 수 있겠다는 확신이 들게 되었고, 매일 담뱃값을 포함하여 아낄 수 있는 것은 아껴 가며 업비트 통장에 입금하는 방식으로 진행했다. 금연 2년 뒤 그 친구의 자산은 어느새 1,000만 원으로 불어났다. 금연을 통해 건강한 신체가 된 것은 덤이었다. 이와 같은 꾸준함만 있다면 금연과 자산 축적이라는 두 마리의 토끼를 잡을 수 있다는 것을 진영이는 투자를 통해 알게 된 것이다.

" 왜 카페를 내 돈 주고 가나요?

대학생 사례

대학교에 입학했다. 대학생이 되니 고등학생 때보다 시간적 여유가 매우 많았다. 내가 무얼 하든 사람들이 간섭하지 않았고, 모든 활동은 자신이 주체적으로 하는 삶에 만세를 불렀다. 하지만 그것도 잠시였다. 오전 9시 수업 이후 5시간 정도 남은 긴 시간으로 인해 무얼 해야 할지 갈피를 못 잡고 방황하는 사람이 되고 말았다. 도서관은 사람들이 많아 만석이었고, 벤치에 앉아 있자니 이상한 사람처럼 보일 것 같아 어쩔 수 없이 카페로 향하게 되었다. 대학생에게 카페는 모든 활동의 기본인 것 같다. 팀별 과제, 공부, 수다, 스마트폰 게임 등 카페에서 모든 것을 다 할 수 있다. PC방이 소모적인 느낌이라면 카페는 발전적인 느낌이 들어서 좋다. 카페에서 아무것도 하고 있지 않아도 뭔가 하는 느낌이 들어서 자주 가는 것 같다. 하지만 매일 5,000원씩 카페에서 쓰게 되니 점점 돈이 부담스러워졌다. 그래서 카페에 있으면 최대한 오래 앉아 있으려고 하고, 아기자기한 소품에 인테리어가 예쁘고 가격이 저렴한 카페를 찾아다니면서 돈에 대한 부담을 대체했다.

사회 초년생 사례

사회 초년생이 되어 빌딩 숲속에서 직장생활을 하다 보니 카페는 많은 약속의 중심지가 되었다. 업무상 미팅과 회의를 카페에서 진행하기도 한다. 또 점심을 먹고 난 뒤 카페에 들러 커피를 마시는 것이 일상이 되었고, 밥을 사면 다른 사람이 커피를 사는 것이 문화가 되었다. 아직 나이가 어려서 직장 상사들이 커피값을 많이 내고 있지만, 직장 상사는 과연 슈퍼맨일까? 가끔 자신이 지출해야 할 땐 금액이 부담스러운데 저렇게 돈을 쓸 수 있는 것이 궁금하기도 했다. 부담스러운 금액 때문에 매번 카페 주문대 앞에 서면 눈치를 살피게 되었다. 누가 카페에 먼저 가자고 해서 왔는지를 따져 생각하기 때문이다. 커피값은 회사에서 충당해 주지 않는 돈이다. 자신의 돈을 왜 업무를 이유로 써야 하는지 궁금해지기도 했다.

20~30세대에게 카페는 모든 활동의 시작점이다. 팀별 과제, 업무상 미팅, 공부, 수다, 스마트폰 게임, 약속 장소 설정 등 모든 활동을 카페 중심으로 계획한다. 카페에서 평균 커피 한 잔 가격은 5,000원 정도 나오는데 1일 2회 가는 사람들도 종종 있다. 하루 1회 카페를 들린다고 가정할 때 커피값을 놓고 계산해 보면 아래와 같은 금액이 산출된다.

5,000원 × 30일 기준 = 150,000원(1년 1,800,000원)

(금액 단위: 원)

	1월	2월	3월		
지출 금액	150,000	300,000	450,000	…	
	8월	9월	10월	11월	12월
	1,200,000	1,350,000	1,500,000	1,650,000	1,800,000

커피값만 최대한 줄여도 나는 1년에 100만 원이 넘는 돈을 투자에 쓸 수 있다. 1년만 열심히 모아도 투자에 필요한 종잣돈 정도를 마련할 수 있는 얘기다.

필자는 커피 소비를 줄이기 위해 여러 가지 방법을 생각했고, 카페에 가는 이유를 분석해 봤다.

<카페에 가는 이유>

- 급하게 처리해야 하는 업무 전화가 왔는데 처리할 수 있는 장소가 없을 때
- 바로 퇴근하고 싶은데, 남은 일 처리하러 사무실 다시 가기엔 거리가 있을 때
- 주말에 집에 있으려니 심심하니 시간 보내고 싶을 때
- 집에 있으니 딴짓만 해서 일이 손에 안 잡힐 때
- 거래처 사람들과 일에 관련된 주제로 논의할 때
- 친분 있는 사람들과 모여 얘기할 때

카페에 가야 하는 이유를 분석해 보니 위와 같이 나왔다. 대부분 사무실 공간이 아닌 또 다른 나만의 장소가 필요할 때 가게 된다는 것을 알게 되었다. 그리고 카페의 백색 소음과 혼자 '멍' 때릴 수 있는 환경이 있으니 아이디어와 일의 효율이 향상되어서 자주 이용했다는 생각도 들었다. '그렇다면 백색 소음이 있는 새로운 나만의 장소를 마련하면 되는 것이 아닌가?' 곧바로 당근마켓에서 원터치 텐트를 1만 원에 샀다. 찾아보니 테이블보와 방석도 있었지만, 너무 비싸 전통시장에서 저렴하게 2만 원으로 광목천을 구매했다. 그리고 자동차에 넣어 놓고 일이 있을 때마다 공원에 텐트를 펼쳐서 노트북으로 급한 업무를 마무리했다. 불가피하게 카페에 가야 하는 상황만 빼놓고는 많은 만남을 공원에서 했다. 하지만 밑도 끝도 없

이 공원에서 만나자고 말하면 이상한 사람이 될 수 있다. 그래서 그룹마다 다르게 논리를 만들었다.

사업 관련 공무원들에게는

"기획 영감을 얻으려면 안보다 밖이 더 좋으니 바깥에 앉아서 얘기를 나눕시다."

친분 있는 사람들과 만날 때는

"날씨도 좋은데 칙칙한 카페 말고 공원 어때?"

이런 방식으로 상황에 맞게 논리를 만들어 사람들을 설득했다. 그 결과 봄·가을에는 카페보다 바깥을 많이 이용하게 되었고, 간단히 편의점에서 음료를 마시며 업무를 진행하니 효과 만점이었다. 앞서 전통시장에서 구매했던 광목천 테이블보로 예쁘게 공원 테이블을 꾸며 앉으니 카페보다 특별하고 고급스러운 장소로 인식하게 되었다. 창의적인 기획자로 포장되어 온(?) 나의 이미지 덕분이었다. 그뿐만이 아니었다. 혹시나 너무 햇살이 비칠까 봐 나무 그늘이 있는 테이블들도 몇 군데 찾아 놓았고, 봄에는 꽃이 활짝 핀 벚나무가 잘 보이는 테이블도 몇 군데 찾아 놓고 그 주변에서 회의를 진행했다. 노력이 가상했을까? 바깥에서 회의를 진행했던 사람 모두 나에 대한 이미지를 아이디어가 넘치는 사람이라 생각하게 되었고, 첫인상을 매우 좋게 봤다는 평을 많이 듣게 되었다. 요즘도 한 번씩 행사장 등지에서 인사를 하게 되면 가끔 "아! 그때 그 공원 테이블!" 하며 내 이미지를 기억하신 분들도 많다.

만약 카페에 가서 내가 살 수밖에 없는 상황이라면 가격이 저렴한 곳을 미리 알아 놓자. 경험상으로 볼 때 개인이 운영하는 카페가

저렴하다. 그곳에서 가장 저렴한 메뉴를 고르자. 미리 선수 쳐서 전체를 아메리카노로 통일시키고 자신은 아메리카노보다 저렴한 메뉴를 구매하자. 사람들이 생각하는 가장 저렴한 메뉴를 아메리카노로 착각하는 사람들이 많다. 메뉴판에서 가장 저렴하기 때문이다. 하지만 메뉴판에 없지만, 냉장고에 진열되어 있는 탄산수, 물, 쿠키가 가장 저렴하다. 그 제품을 구매하는 것을 추천한다. 내가 커피를 주문하지 않을 때 사람들에게서 이상한 분위기가 감지되면, 매일 커피를 마시니 밤에 잠이 안 와 먹지 않는다고 둘러대자. 건강에 안 좋아서 안 마시는데 이상하게 보는 사람은 절대 없다.

이렇게 업무상 처리해야 할 일을 공원에서 하는 것으로 만들어 두니 업무 효율도 높아졌다. 미팅이 잦을 때는 하루 4번 카페에 찾아갈 정도로 먹기 싫은 커피를 마셨으나, 적어도 봄·가을만큼은 사업 미팅 수의 30% 정도는 야외에서 진행하게 되어 부담이 줄었다. 불가피하게 지출해야 하는 경우는 지출을 최소한으로 줄이는 방법을 선택하여 커피 비용을 50% 이상 절감할 수 있었다.

필자는 커피값을 절약할 때마다 그 돈을 암호화폐에 투자했다. 5명이 모여 카페에서 업무 회의를 할 경우 '5,500원 × 5명 = 27,500원'이 소비되는데, 야외에서 진행하게 되어 '1,800원 × 5명 = 9,000원' 즉 18,500원의 돈을 아끼게 되었다. 그 경우 곧바로 암호화폐 거래 사이트를 실행하여 18,500원을 입금해 암호화폐 구매를 위한 기회비용으로 변환하였다. 당연히 없어져야 하는 돈을 아껴 코인 개수가 늘어나니 공짜 투자금이 된 셈이다. 순간의 재치와 말솜씨로 커피값을 절약할 때마다 당연히 소비되었어야 하는 커피값이 코인 투자로 변환되니 재미가 붙었다. 커피값을 절약하기 위해선 어떤 멘트를 날려야 할지 멘트 공부까지 할 정도였다.

커피값 아끼는 것을 절대 부끄럽다고 생각하지 말자. 1억 원을 벌고 나면 그때 느꼈던 부끄러움이 화려한 훈장으로 바뀐다. 인생은 남이 살아주는 것이 아니다. 여기서 부끄러움을 느끼면 평생 돈을 벌지 못한다.

❝ 술값 절약에 용감해지자

 여러분이 술값을 아끼면 투자에 매우 좋은 영양분이 된다. 한 달 평균 월 30만 원 정도 지출한다고 가정할 때 아래와 같은 금액이 나온다.

100,000원 × 3회 기준 = 300,000원

(1년 3,600,000원 / 10년 36,000,000원)

(금액 단위: 원)

	1월	2월	3월	4월	5월	6월
지출 금액	300,000	600,000	900,000	1,200,000	1,500,000	1,800,000
	7월	8월	9월	10월	11월	12월
	2,100,000	2,400,000	2,700,000	3,000,000	3,300,000	3,600,000

 술을 마실 때를 한 번쯤 생각해 보고 넘어가자. 친목 도모와 스트레스 해소를 위해 내가 가진 피 같은 돈을 여기에 써야 하는가? 물론 써야 할 때도 있다. 술을 꼭 마셔야 할 때도 있는데, 필자가 생각하는 술을 마셔야 하는 경우는 두 가지로 나뉜다.

 첫 번째, 배움과 역량 발전의 기회가 있는 술자리다. 역량이 계발되고 내가 가지고 있는 단점을 발견하는 술자리는 돈을 써야 한다. 직업 특성상 특히 평소 존경하거나 동경하는 사람과의 술자리를 가질 때마다 앞으로 문화 트렌드를 배우기도 하고 새로운 아이디어를 얻기도 한다. 직접 기획한 축제에 많이 참여해 주신 소중한 축제 홀더들과 술자리를 가지게 되면 축제 문제점을 발견하기도 하고 앞으로 나아가야 하는 축제의 방향성을 알게 되기도 한다. 아이디어 회의를 해도 나오지 않는 것들이 술자리에서 나오는 경우가 대다수이다.

술자리에서 나왔던 가장 큰 산물 중 하나가 우리 축제를 기획한 친구들과의 술자리에서 나왔다.

"대장님 저도 기획자 맞죠? 축제를 만들기 위해 열심히 뛰었는데 제가 축제를 만들었다는 느낌이 들지 않아요."

생각해 보니 그랬다. 각자 주인의식이 명확해야 축제 프로그램이 더 재미있어지고, 그 축제를 즐기러 오는 사람들도 축제를 더 재밌게 즐길 수 있는데 이 점을 간과한 것이다. 방법을 찾던 중, 방송인 김제동이 프랑스에 가서 학교 공사장을 지나가는데 학교 공사장에서 일하고 있는 사람들의 사진과 이름 아래에 "이 건물이 이 사람들의 수고로 만들어지고 있습니다. 깊은 존경을 표합니다."라는 글이 적혀 있었다는 얘기를 모 방송국 강연 프로그램에서 보게 되었다.

그때 이후로 매번 축제를 만들 때마다 제일 잘 보이는 장소에 우리 축제를 같이 만들었던 기획자 이름을 하나하나 다 새기는 작업을 매우 중요시하게 하였다.

두 번째, 관계를 깊게 만드는 술자리는 무엇이든 좋다. 어떤 이성과 썸을 타고 있거나, 커플과 함께할 때는 무조건 술을 마셔도 좋다. 우리 인생을 같이 살아볼 사람을 찾는 과정은 무엇보다도 중요하다고 생각한다. 삶이 공허해지거나 봄 · 가을이 찾아오면 가끔 잊었던 이성 생각을 했을 것이다. '내가 왜 그때 한 번 더 만나자고 안 했을까? 그때 그 친구 한번 보고 싶다.' 등 나이가 들면 돈 주고 살 수 없는 순수한 추억들이 생각날 것이다. 우리가 살면서 젊었을 때만 느낄 수 있는 추억들은 마음속에 오래도록 간직할 수 있기 때문에 충분히 투자할 만한 가치가 있다.

술자리에서도 중요한 내용이 있다. 술자리는 더치페이로 끝나야 한다. 나이가 많다 해서, 능력이 된다 해서 그 사람이 돈을 전부 내서는 안 된다. 돈은 여러 가지 면에서 능력이 될 수 있지만 이런 상황에선 사치일 수밖에 없다. 모두가 즐겁게 놀고 즐기기 위해서 술을 먹는 것인데 더치페이를 하지 않을 이유가 무엇이 있는가? 그렇다고 무턱대고 더치페이를 생각할 수 없을 때도 있다.

그래서 더치페이를 할 수 있는 유형과 하면 안 되는 유형에 대해 말을 한다면, 만약 나를 위해 봉사로 도와줬다면 더치페이를 해선 안 된다. 하지만 술자리를 만들어 초대하거나 주변 사람들과 술자리를 만든다면 사전에 더치페이를 언급하고 만나자. 더치페이에 대해서 당당한 사람이 되어야 한다. 더치페이한다고 부끄러워하거나 능력이 없는 사람처럼 보는 사람이 있다면 당장 인간관계를 더 지속할지 고민해 보자. 사람이 좋아서 보는 사람이 아니라, 돈이 좋아서 쫓아온 사람이기 때문이다. 소중한 내 돈을 절대 남들에게 허투루 쓰지 말자.

교통비 절약에 용감해지자.

유라는 백화점 A 브랜드의 판매 및 서비스 직종에 종사하는 직원이었다. 매월 A 브랜드 행사가 진행되는 기간이면 유라는 AM 10:30부터 PM 20:30까지 매장 관리와 상품 판매, 고객 메이크업 서비스 등 쉴 틈 없이 바쁘고 업무 강도도 높았다. 피로 누적으로 인해 유라는 아침이면 알람 소리를 듣지 못하고 늦잠을 자 택시를 이용하기 일쑤였으며, 행사로 인해 늦어지는 퇴근 시간에도 거주지가 멀어서 번번이 택시를 이용했다.

출·퇴근 모두 택시를 이용하는 날이면 왕복 약 3만 원에 달하는 비용이 교통편으로 지출되는데, 사회 초년생이었던 유라는 낮은 급여에 비해 교통비 지출 비중이 상대적으로 큰 편이라 매번 택시를 이용할 때면 비용이 신경 쓰이고 걱정되었다. 월급의 30%가 교통비로 지출되어 걱정이 앞섰고, 일찍 일어나고 싶은 간절함에도 불구하고 몸은 따라주지 않아 답답했다.

급기야 유라는 이직까지 고민하게 되었다. 하지만 당장 낮은 급여와 교통비 지출 비중이 크다는 이유만으로 전망 좋은 회사를 버리고 이직을 결정하기엔 아까웠다. 어린 나이에 차를 몰고 다니거나 자취하기에도 망설여졌다. 차를 살 수 있는 돈도 없었고, 자취한다고 했을 때도 부모님이 완강히 반대할 게 뻔했다. 어떻게 하면 교통비를 아낄 수 있을까? 고민이 매우 컸다.

여기서 고백하자면 필자는 프로 지각러다. 지각을 정말 많이 하므로 위 상황을 누구보다 절실히 공감한다. 대학생 시절 집까지 거리가 멀기 때문에 버스 한 대를 놓치면 택시비가 15,000원 정도 들었다. 지각을 밥 먹듯이 해서 한 달 교통비가 30~40만 원가량 나왔다. 지각을 많이 하니 요령도 생겨서, 지각했을 때 택시 타고 어느 지점까지 가야 놓친 버스를 잡을 수 있는지 작은 팁까지 가지고 있을 정도였다. 대학 생활 9년 동안 나왔던 교통비를 표로 나타내면 아래와 같다.

350,000원 × 월 기준 = 300,000원
(1년 4,200,000원 / 9년 37,800,000원)

(금액 단위: 원)

	1월	2월	3월	4월	5월	6월
지출 금액	350,000	700,000	1,050,000	1,400,000	1,750,000	2,100,000
	7월	8월	9월	10월	11월	12월
	2,450,000	2,800,000	3,150,000	3,500,000	3,850,000	4,200,000

지각하는 내 습관을 고쳤더라면 3,780만 원을 아꼈을 것이다. 그뿐만 아니라 여러분들은 심야 귀가 시 택시, 음주 시 대리운전을 부르게 되는 비용들도 고민해야 한다. 교통비를 아끼기만 해도 엄청난 비용 절감이 된다. 필자가 부담했던 교통비를 절반만 아꼈더라도 빚내서 투자하진 않았을 것이다.

앞서 유라의 사례와 같이 필자도 고민이 많았다. 하지만 투자 재미를 붙임으로 고민을 말끔하게 해결했다. 9년간 교통비를 계산해보고 놀란 나머지 교통비를 아끼기 위해 음주 시 10km 되는 지역은 뛰거나 걸어갔다. 아무것도 하지 않은 채 뛰거나 걸어가면 심심해서 유튜브에서 코인 방송, 경제 상식 방송, 인문학 방송 등 다양한 방송을 라디오처럼 청취했다. 10km를 갈 때마다 반 권 분량의 책을 읽는 셈이었다. 지각하면 투자 비용을 건지지 못한다고 생각하며 약속 시각을 정오 이후 시간대로 변경하였다. 일정이 없는 날에는 자전거를 타고 다녔다.

아침에 일찍 일어나기 위해 오전에 단타(단기적인 투자 방식) 연습을 했다. 암호화폐는 오전 5~9시 사이가 변동 폭이(상승 혹은 하락) 매우 좋은 시간대다. 빠른 단타를 진행하기 위해서 그 시간대에 일어나려고 노력했고 오전 단타 성공 확률이 높아지니 자연스럽게 아침 일찍 눈이 떠지게 되었다. 이런 방식으로 교통비를 세이브할 때마다 기념으로 트론 코인을 조금씩 구매해서 2017년 고점에 물려 있었던 코인의 평단을 낮추었다.

> **투자를 하고 싶은데 돈이 없다고요?**
> **현실을 직시하면 어디서든 돈이 나온다.**

자린고비 투자자: 이제 투자는 부업으로 무조건 가지고 가셔야 해요. 안 그러면 노후가 보장되지 않습니다.

초보 투자자: 학자금 대출이 많아서 빚내기엔 무섭고, 투자는 하고 싶은데 돈이 없어요.

자린고비 투자자: 많은 사람이 그렇게 얘기합니다. 하지만 투자는 빚을 내서 투자하는 게 아닙니다. 소액으로 투자해도 충분히 좋습니다.

초보 투자자: 그럼 단돈 10만 원으로 투자를 할 수 있나요?

자린고비 투자자: 아니요. 10만 원으론 투자를 전혀 못 해요. 하지만 꾸준히 10만 원씩 투자를 진행한다면 얘기는 달라집니다.

대다수의 20 · 30세대들은 투자를 해야 된다는 필요성은 느끼는데 돈은 없고 빚을 내기엔 부담스러운 것으로 귀결된다.

그럼 돈을 모아야 하나? 아니다. 돈을 찾으면 된다.

《손자병법》에 "지피지기 백전불태, 적을 알고 나를 알면 100번 싸워도 위태하지 않다."라는 유명한 구절이 있다. 나의 역량과 정보를 알고 적을 마주하면 내가 이길 수 있는 적인지, 나의 강점으로 적의 약점을 파고 들어갈 수 있는지 등 여러 가지를 알 수 있다.

《손자병법》은 현대 사회에도 많은 가르침을 준다. 소비와 싸워 이기기 위해서는 현재 자금 상황과 앞으로의 지출 상황 및 지출 패턴을 알면 된다. 나의 소비 습관을 확실히 줄일 수 있기 때문이다. 비용을 줄여서 소비로 활용할 수 있을지 한눈에 다 알 수 있다. 본인의 소비 패턴을 알기 위해 여러 카드 앱을 열어보면 자동으로 내 소비 패턴을 분석해 주니 기본 정보를 알 수 있다. 또 6개월간 카드 승인 명세를 되짚어 보며 내 소비가 과연 적절하였는지 알아내야 한다.

주로 아낄 수 있는 포인트 지점이 술, 담배, 커피, 교통이다. 우리는 여기서 최대한 아껴서 투자해야 한다. 아껴서 만들어 낸 투자금은 부담이 없으니 이 책을 통해 부담 없는 투자 방법을 알아보도록 하자.

" 게임은 돈을 아끼는 방법이다.

게임을 하면서 차트도 볼 수 있고 돈 지출이 제일 적다.

투자를 위해 금욕 생활을 해야 하다니 부담이 많이 되었을 것이다. 하지만 걱정 안 해도 된다. 지출 패턴을 바꾼다면 슬기로운 금욕 생활이 될 것이다. 지출 패턴을 바꾸는 것에는 여러 가지 활동들이 있다. 예를 들면 자전거를 타거나 헬스 피트니스를 통해 몸을 가꾸는 것에 열중하는 방법 등이 있다. 위 활동에 흥미를 느낀다면 실행하는 것을 추천한다. 하지만 대다수 운동에 흥미를 느끼지 않고 오히려 고문과도 같다고 생각할 것이다. 귀찮고 몸이 피곤하기 때문이다. 현대인들은 만사가 귀찮아서 자신을 가꾸거나 운동하는 사람들이 많을까? 적다.

술, 담배, 커피와 같은 달콤한 유혹을 해소해 줄 수 있는 도구는 무엇일까? 바로 게임이다. 게임을 잘 이용하면 내 쌈짓이를 아낄 수 있으며, 일상생활 속의 다양한 유혹을 뿌리칠 수 있도록 도와주는 가장 적합한 도구다.

하지만 피해야 하는 게임들도 있다. 바로 과금을 유도하는 게임인데 이런 부류의 게임에 잘못 빠져들면 수십만 원이 넘는 비용이 나갈 수도 있어서 기피 대상이다. 과금성이 없는 게임을 즐길 수 있는 것으로 스팀 게임류를 추천한다. 스팀은 게임계의 넷플릭스급이라고 보면 될 정도로 세계 시장에서 가장 큰 게임 유통 플랫폼이다. 연쇄 할인마라고 불리는 스팀의 대규모 세일 기간을 잘만 활용한다면 최대 90%까지 할인을 받을 수 있고, 30~50% 할인도 심심치 않게 볼 수 있다. 한 가지 게임을 저렴한 가격인 9,000원~3만 원대에 구매한다면 퇴근 후 몇 달은 족히 게임을 즐길 수가 있어 가성비가 매우 좋다.

어떤 것이 가성비가 뛰어날까?			
내용	게임 1개 구매	VS	(술, 담배, 음식) 1회씩 소비
기간	1주 이상		1일

스팀 플랫폼을 활용해 인생 게임 한 가지를 발굴해 오래도록 플레이하는 것을 추천한다. 워크래프트 유즈맵인 '중간계 대전투'라는 오래된 고전 게임이 필자의 인생 게임이다. 퇴근 후 곧장 집에 와서 한쪽에는 게임 창을 열고 다른 한쪽에는 비트코인 차트 창을 열어서 실시간으로 확인했다. 이를 통해 술, 담배, 맛있는 음식 등 여러 가지에서 자연스럽게 멀어지게 되었다.

"재미있는 것을 포기하기 위해선 또 다른 재미있는 것을 만들어 보는 것"

이 책에서 말하는 절약 방침이다. 1억 원을 벌기 위해 너무 많은 것을 포기하기엔 우리 인생은 아직 젊고, 사람의 마음은 고쳐 쓰기 힘들다. 그 때문에 무리한 스트레스를 받을 필요는 없다.

" 나는 이렇게 아껴서 돈을 모았다.

적을 알고 나를 알자. 먼저 내 지출 현황을 분석하고 실행했다.

필자는 지역에서 작은 문화기획업을 영위하는 스타트업 대표이다. 같이 일하는 동료가 1명 있고, 월급, 사무실 임대료, 식비, 주류, 교통비, 대출금 등 못 잡아도 월 700만 원 정도 지출되었다. 먼저 회사를 비대면 체제로 바꿔 사무실 비용을 줄였다. 사무실에 있는 시간보다 바깥에 외근하는 시간이 더 많았기 때문이다. 동료에겐 매월 큰 미션과 서브 미션을 공유하면서 일을 진행했다. 상황 공유는 매일 50회씩 전화로 하고, 문서와 카톡으로 오가며 서로 대화하며 일을 진행했다. 코로나 시대 이전부터 비대면 업무를 진행했다. 처음엔 무리가 있었지만, 여러 시행착오를 겪고 난 뒤부터는 서로 역량이 개발되어 더욱더 좋은 결과물이 나오게 되었다.

이후 주류비를 아낄 고민을 했다. 술자리를 진행하기 전에 앞서 그 사람과 내가 만났을 때 어떠한 시너지 효과가 날 것인지를 먼저 중요하게 생각했다. 또한, 도덕적으로 만나도 되는 사람인지도 파악했다. 어차피 술자리를 굳이 안 해도 친해지는 사람은 친해질 수 있기 때문이다. 술자리를 진행한다면 대리운전은 피할 수 없기 때문에 술자리 전 한적한 장소에 주차하고 난 후 10~15km 정도의 거리는 운동 겸 걸어 다녔다. 이후 아침에 자동차가 주차된 공간까지 자전거를 타고 가서 차를 운전했다.

식비를 아낄 고민을 했다. 출근 전 무조건 많이 먹고 밥심으로 견뎠다. 그리고 집에서 작게 주전부리할 수 있는 음식들을 도시락처럼 챙겨 먹기도 했고, 가끔 멘토님을 비롯한 여러 친한 사람들에게 찾아가 저녁밥을 얻어먹기도 했다.

옷은 아래위 검은색 옷을 고집하게 되었다. 검은색 옷이 때도 덜 타고 사람들이 봤을 때 깔끔하다는 느낌을 줄 수 있기 때문이다. 스티브 잡스와 마크 저커버그도 한 가지 옷을 입었던 것처럼, 나도 검은색 옷과 한복을 입고 다니며 최대한 옷을 사는데 지출을 줄였다. 검은색 옷과 한복만 입고 다니니 옷은 사지 않아도 되었고, 오히려 사람들에게 '한복 입고 다니는 청년'이라는 좋은 이미지 메이킹이 되었다.

중고마켓도 이용했다. 구매하고 싶은 물건이 있으면 당근마켓과 중고나라를 통해 구매를 진행했다. 인터넷에서 15만 원이나 하는 가방을 잘만 찾아보면 1~3만 원에 구매할 수 있는 장점이 있다. 컴퓨터도 마찬가지다. 요즘 나오는 최신형 노트북들도 6개월 정도가 지나면 반값으로 떨어지는데 카드로 최신형 노트북을 구매하는 것은 사치에 가까웠다. 또한, 내가 쓸모없다고 생각하는 물품들은 죄다 중고마켓에 팔아 버렸다.

그밖에 카페, 미용실, 여행 등 횟수를 줄였다. 주차비도 아끼기 위해서 공영주차장에 주차하지 않고 주차 단속이 걸리지 않는 먼 거리의 골목에 주차하여 걸어가기도 하였다. 난 2년간 아낄 수 있는 것은 죄다 아꼈다. 그리고 아끼고 아끼면서 받아낸 기회비용들은 전부 코인에 투자했다.

만화 주인공이 여행을 떠나 점점 강해지는 성장 드라마처럼 내가 떠나보낸 적은 돈들이 언젠가 모여 큰돈이 되어 올 것이라고 믿었다. 현금으로 코인을 구매할 때마다 나 자신에게 주문을 걸었다. 지금은 1만 원을 떠나보내지만, 10만 원이 되어 돌아올 수 있는 그날이 올 것이라고.

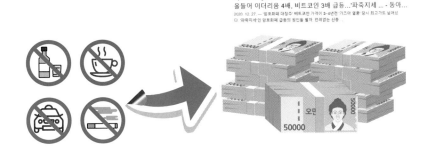

내가 아낀 1만 원이 큰돈 되어 돌아온다.

암호화폐 투자 입문자가 자주 묻는 질문

Q. 작가님! 자린고비 투자… 씀씀이를 줄이는 것이 과연 효과 있을까요?

A. 처음 해보는 일이기 때문에 당연히 힘들 겁니다. 그리고 여러분들 씀씀이를 줄인 푼돈이 얼마나 큰 성과를 만드는지 모를 것입니다. 다음 장에 소개하겠지만 필자는 2018년 초부터 약 3년 2개월 동안 매일 꾸준히 1만 원~3만 원 정도를 비트코인에 투자했습니다. 매일 1만 원~3만 원이 모이고 모여서 2021년 초가 되니 1억 2,000만 원의 수익이 나게

되었습니다. 대박이죠? 주식투자는 10년을 바라봐야 하지만 코인 투자는 3~4년만 바라봐도 됩니다. 참고하세요!

Q. 어차피 같은 돈인데, 매일 투자보단 큰돈을 한 번에 투자하면 안 되나요?

A. 암호화폐는 하루에도 수십 퍼센트의 변동성을 보여 주는 투자 종목입니다. 이런 투자 종목에 큰돈을 넣어두는 것은 자살행위에 가깝습니다. 비트코인이 저점이라면 얘기는 달라지겠지만 비트코인 초보자분들이 저점이 얼마인지 과연 알 수 있을까요? 따라서 큰돈을 넣어 두게 되면 심리적 압박감이 더 생겨 일상생활에 지장이 있을 것입니다.

Q. 작가님, 자린고비 투자는 어떤 코인에 투자하면 좋을까요?

A. 자린고비 투자는 비트코인을 추천합니다. 비트코인은 블록체인 기술을 기반으로 만들어진 최초의 암호화폐입니다. 암호화폐 대장주 코인이기 때문에 이 코인의 상승과 하락이 암호화폐 시장 방향을 결정합니다. 따라서 비트코인이 망하면 전 세계 암호화폐 시장이 암흑기로 접어들기 때문에 절대 망할 수 없습니다.

Q. 워런 버핏은 비트코인을 좋아하지 않는다는 얘기를 얼핏 들었어요! 작가님은 어떻게 생각하시나요?

A. 투자의 귀재 워런 버핏은 미국 CNBC와의 인터뷰에서 "비트코인은 고유 가치가 없으며 아무것도 생산해 내지 못한다. 기본적으로 망상"이라고 주장했지요. 재미있는 사실 두 가지 알려드리겠습니다.

첫 번째, 워런 버핏은 '실용성이 없다', '마법의 금속은 미국인 기질에 맞지 않는다' 등 대표적인 금 혐오론자입니다. 그랬던 그가 2020년 코로나 사태에 금광주에 약 5억 달러가량을 투자했습니다. 혐오론자라면 당연히 투자하지 말아야 하는 종목에 투자했다는 사실에 유심히 생각해 볼 필요가 있습니다.

두 번째, 워런 버핏은 IT 주식은 선호하지 않고 2차 산업처럼 이해하기 쉬운 사업들을 중심으로 투자하기로 유명한 것에 주목할 필요가 있습니다.

미국 모건 크릭 디지털의 책임자 앤서니 폼플리아노가 CNN의 경제 프로그램에 출연해, 워런 버핏을 향해 "메일도 사용할 줄 모르고, 플립폰을 아직도 사용하고 있는 사람의 투자 의견은 들을 가치가 없는 것 아닌가?"라는 말을 알려드리며 답변을 마칩니다.

PART
3

"

투자 시작하기

생애처음 비트코인

투자 시작하기

❝ 이 펜을 나에게 팔 수 있나?

"부자가 되려면 부자와 생각을 같이해라. 내가 부자라면 조개보다 쓸모없는 비트코인을 어떻게 돈으로 만들 수 있을까?"

조던 벨포트 실화 영화 레오나르도 디카프리오 주연의 〈the wolf of wall street〉에서 펜을 나에게 팔아보라는 내용이 나온다. 그는 펜을 받아들고 "냅킨에 이름을 좀 적어줄 수 있어요?"라고 말을 하는데, 펜이 없으니 펜을 다시 사야 한다.

"수요와 공급"

"구매자와 판매자가 있다면 가치를 만들 수 있다."

암호화폐 20년, 3분기 암호화폐 계좌는 약 2억 개가 개설되어 있다. 전 세계 인구의 2.56%가 암호화폐 계좌를 개설했다. 2억 명 수요와 공급이 발생하고 있는데 비트코인이 어떻게 사기라고 생각할 수 있을까? 비트코인이 사기가 될 수 없다. 벌써 암호화폐 관련 산업이 생겨났고, 이로 인해 수십만 개의 일자리가 창출되었다.

그렇다면 비트코인을 움직이는 큰손들은 비트코인으로 어떻게 가치 창출을 할까? 조던 벨포트는 이런 말을 남겼다.

"돈을 버는 가장 쉬운 방법은 사람들 모두가 원하는 가치 있는 뭔가를 만들어 내는 것이다. 그다음에는 나가서 그것을 주고 가치를 창출하면 된다. 그러면 돈은 자동으로 들어오게 돼 있다."

-조던 벨포트-

내가 큰손이라면 비트코인 매집 후 비트코인에 가치를 부여하여 투자 상품으로 만든 뒤, 비트코인에 열광하는 수많은 사람이 비싼 가격에 코인을 구매할 수 있도록 할 것이다. 하지만 아직 그날은 오지 않았다. 현재 많은 기관 투자자가 이 시장에 속속 들어오고 있으나 일반 개미 투자자들의 시장 참여율은 그다지 높지 않다. 암호화폐 산업은 버블이 오지 않았고, 이제 버블을 준비하기 위한 시작 시장이라고 이해해도 무방한 곳이다. 비트코인이 5,000만 원을 넘어가는 지금 이 순간 아직 큰손에게는 저점이다.

" 비트코인은 화폐가 될 수 있을까?

　디지털 화폐 연구자 네하 나룰라(Neha Narula)는 TED에서 돈에 대해 재밌는 접근을 하였다.

　미크로네시아 연방에 속한 야프(Yap)섬의 돌 화폐 라이석에 대한 얘기를 하겠다. 페이라고 불리기도 하는 이 화폐는 석기시대 만화에 나오는 돈처럼 돌 가운데가 뚫려 있다. 야프섬에는 석회암이 나오지 않아 인근 섬에 가서 채굴한 뒤 뗏목에 실어 나른다. 이처럼 돌 화폐 라이석을 만들기 위해선 많은 작업 공정을 거쳐야 한다. 그래서 이 돌 화폐는 섬 안에는 전혀 존재하지 않기 때문에 가치를 크기와 무게로 매긴다. 따라서 돌이 크고 무거워 사람들이 들려면 엄청난 노동력이 필요하기 때문에 거래할 때는 실제로 주고받지 않고 돌에 기록만 하면 끝이다. 그 마을 사람들이 이 돌에 대한 소유를 인정받기만 하면 끝이기 때문이다. 심지어 운반 실수로 인해 돌 화폐가 바다에 잠겨도 마을 사람들에게 소유를 인정받는다면 그것도 화폐로 인정했다.

야프섬의 스톤 화폐(출처: https://medium.com)

야프섬의 주민들이 문명의 발전이 더뎌서 그랬을까? 이런 일들이 서양에서도 일어나고 있다.

1932년 프랑스 은행이 미국 측에 자기 자산을 달러에서 금으로 바꿔 달라고 요청했다. 하지만 그 많은 금을 미국에서 프랑스까지 옮기기엔 많은 배로 수송해야 하는데 수송에 필요한 비용도 만만치 않았다. 그래서 누군가 그 금이 있는 장소로 파견되었고 금 더미에 프랑스 소유라고 딱지를 붙여 놨다. 그 일을 계기로 그 금이 프랑스 소유인 걸 모두가 인정했다. 라이석과 별다를 것이 없다.

두 가지 사례를 봤을 때 돈에 대한 환상을 지워 버릴 수 있다. 우리가 사용하고 있는 원화, 달러, 엔화들은 우리가 돈이라고 인정을 하지 않으면 쓰레기일 수밖에 없는 것이다. 따라서 돈이 가치를 얻으려면 사람들이 돈에 대해서 신뢰와 보증이 있어야 진정한 돈으로 탄생한다. 그래서 현재 금융 인프라는 국가가 보증하고 신뢰할 수 있도록 중앙 집중적인 구조 형태를 사용하고 모든 돈을 중앙은행에서 발행하는 것이다. 국가의 통제 속에 사회가 안정되어 있고 누구나 돈을 가치 보전 수단으로 인정하고 있기 때문이다.

" 국가에서 발행하는 돈,
돈에 대해서 두 가지 치명적인 문제가 있다.

첫 번째 모든 돈은 중앙 시스템을 통해 돈이 들어간다. 만약 중앙은행이 해킹을 당하거나 갑자기 전쟁이 터지게 되면 모든 시스템이 마비되어 국가에 큰 혼란을 야기한다.

두 번째 금융 위기가 찾아와 여러 기업들이 파산 위험에 놓여 있으면 국가에서 돈을 찍어내 파산 위험에 놓여 있는 기업들을 지원하게 되고, 금융 위기는 어느 정도 일단락되겠지만 향후 엄청난 부작용에 직면하게 된다. 즉 오늘의 위기는 10만 원으로 해결했다면 내일의 위기는 100만 원이 있어야 해결할 수 있게 되는 것이다.

현재 코로나 사태로 인해 전 세계적인 금융 위기를 겪고 있는데, 국가들은 이를 타개하기 위해 돈을 천문학적으로 찍어내 기업과 개인들의 손에 쥐어 주고 있다. 코로나 이후 우리의 삶은 엄청난 빈부 격차와 높은 인플레이션으로 인해 더욱더 힘들어지게 된다. 실제로 미용실, 교통비, 국밥 가격은 10년 전에 비해 엄청 올랐다.

비트코인은 앞서 두 문제를 해결하기 위해 발행됐다. 중앙에서 통제를 받지 않고 화폐 수량은 정해져 있으며, 화폐의 신뢰를 보증할 수 있도록 데이터를 암호화시켰다. 블록체인은 해킹을 방지하기 위해 수많은 컴퓨터 네트워크상에 영수증(기록 원장)을 똑같이 복사하여 연결 저장시켜 두었다. 이것이 블록체인 기술이다. 분산된 영수증의 50.1% 이상을 동시에 해킹해야만 전체 기록을 바꿀 수 있기 때문에 현재 컴퓨터 시스템으로는 거래를 조작하기에 불가능한 구조로 되어있다.

똑같은 기록이 2,100만 개가 서로 연결되어 저장되어 있다.

앞서 야프섬의 라이석에 기록된 돌의 소유주 이야기와 1932년 프랑스 은행이 미국에 있는 금 더미에 프랑스 소유물이라고 적어 놓은 사례들을 봤을 때 블록체인 기술이 굉장히 진보되었다는 것을 알 수 있다. 두 사례는 영수증에 개인이 각각 작성하여 정보의 신뢰성이 낮지만, 블록체인은 정보의 신뢰성이 매우 정확하다.

" 그렇다면 비트코인은 화폐 기능을 수행할 수 있을까?

먼저 화폐 기능에 대하여 생각해보자.

화폐의 기능

- 화폐는 사람과 사람 간 거래를 쉽고 가볍게 하는 교환의 매개 수단
- 물건과 서비스에 대하여 경제적 가치 측정 표준
- 구매하고 싶은 물건을 미래에 구매하기 위해 보관할 수 있는 가치 저장 수단

필자가 볼 때 비트코인은 1번(교환의 매개 수단)과 3번(가치 저장 수단)의 중간 역할이 될 것이라고 판단한다.

비트코인은 교환의 매개 수단을 충분히 수행할 수 있다고 본다. 낮은 이체 수수료와 전 세계 24시간 이체가 가능하다. 인프라가 잘 되어 있는 대한민국에서는 느끼지 못하지만, 우리가 곧장 외국에 나가 금융 서비스가 활성화되지 않은 개발도상국에 방문하게 되면 암호화폐 결제에 대한 편리성이 입증된다. 인터넷만 있다면 별도의 은행 계좌나 금융 정보가 없어도 암호화폐를 활용해 결제, 송금 등의 서비스가 가능하기 때문이다. 이 때문에 전 세계 3억 5,000만 명의 이용자를 보유하고 있는 세계 최대 온라인 결제 기업 페이팔에서 암호화폐 결제 서비스를 진행하게 되었다.

❝ 비트코인에 전 재산 올인하고
오직 비트코인으로만 전 세계를 여행하고 있는 가족

　네덜란드 출신 여행가 디디 타이후투(Didi Taihuttu)가 2017년 여름에 비트코인에 승부수를 걸었다. 그는 73평 집과 차 3대, 신발 등 가재도구를 모조리 팔아치우고 1비트코인의 가격이 900달러 수준일 때 전 재산을 올인하고 가족들과 세계 여행을 떠났다. 이 가족은 모든 거래를 비트코인으로만 거래하기로 다짐하고 비트코인을 받지 않으면 물물교환, 교섭 등 쉽지 않은 과정을 거치는 방식으로 그동안 유럽, 아시아, 오세아니아 등을 여행해 왔는데 4년간 40개국을 여행 다녔다.

　실제로 2019년에 비트페이에서 처리한 결제액이 1조 원에 달했는데, 비트코인 결제가 가장 많았다. 전 세계적인 암호화폐 거래소 코인베이스(Coinbase)도 2019년에 1조 4,000억 원어치의 암호화폐 결제를 처리했다. 2018년보다 600% 늘어난 규모다.

" 비트코인은 가치 저장 수단, 즉 디지털 금이 될 수 있다.

비트코인은 앞서 설명한 것처럼 수량이 정해져 있어 완벽한 희소성을 가진다. 암호화폐 애널리스트 윌리 우(Willy woo)는 "금은 역사적인 희소성을 기반으로 가치를 저장하는 반면 비트코인은 완벽한 희소성을 수학 · 이론적 게임으로 구현한다."라고 말했다. 역사상 금은 전 세계적으로 가치를 교환하는 수단으로 사용되어왔기 때문에 사람들 누구나 안전 자산으로 인정하고 있다. 하지만 어느 지역에서 막대한 금광이 발견되었다면 금에 악재로 다가와 가격 폭락은 자명한 사실이다. 비트코인과 희소성 경쟁에 밀리는 것이다. 현재 기술력으로 해킹이 불가능하고 거래의 익명성과 투명성을 가지고 있는 것도 전 세계 부자들에게 주목받고 있다.

"예술품은 부자가 가격을 정한다."라는 말이 있듯이 경매에 나오는 예술품과 골동품들이 일개 종이 쪼가리에 그 가치가 매겨지는 이유가 무엇인지 생각해 봐야 한다. 비트코인의 가치를 인정하고 그 미래를 투자하는 사람들은 약 2억 명이나 된다. 이 중에는 이름만 밝혀도 알만한 부자들도 대거 참여해 있다는 것이다. 따라서 전쟁 등 국가 붕괴 상황이 와서 금융에 큰 충격이 있을 때 훌륭한 도피처 역할로 수행한다. 베네수엘라 상황에서 이를 잘 알 수 있다. 2019년 2월 베네수엘라가 P2P 플랫폼을 통해 거래한 비트코인의 양은 30%나 급증해 사상 최고치를 기록했었다. 국민들은 초인플레이션 상황에 맞서 그들의 자산을 지키는 효과적인 방법으로 비트코인을 선택한 것이다.

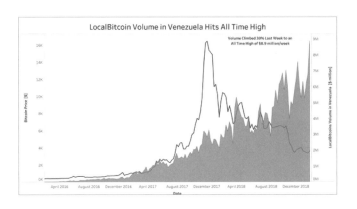

" 비트코인은 이제 시작이다.

전 세계 부자들은 비트코인을 조금씩 구매하고 있다. 《부자 아빠 가난한 아빠》의 저자 로버트 기요사키, 트위터 CEO 잭 도시 등 투자에 능통한 부자들은 발 빠르게 비트코인에 주목하고 있다.

크레디트스위스에서 발간한 〈2020 글로벌 웰스 보고서〉에 따르면 전 세계 0.9%의 인구, 즉 7,000만 명 정도가 부자라고 한다.

전 세계 부자 수 7,000만 명	>	비트코인 수 2,100만 개

전 세계 부자는 7,000만 명인데. 그에 비해 비트코인은 2,100만 개밖에 존재하지 않는다. 만약 비트코인 대중화에 성공하여 전 세계 1% 부자들이 너도나도 비트코인 한 개 이상 구매하게 되는 날이 오게 된다고 가정하면 가격은 천정부지로 솟아오를 수밖에 없다. 그래서 비트코인은 아직도 저점이라는 평가를 받고 있다.

" 당신은 돈을 못 벌 거예요. 왜냐구요?
투자는 제로섬 게임이니깐요.

제로섬(zero sum)은 게임이나 경제 이론에서 많이 나오는데, 여러 사람이 서로 영향을 받는 상황에서 모든 이득의 총합이 항상 제로 또는 그 상태를 말한다. 간단한 예로 선거를 들 수 있다. 정치인을 뽑게 되면 항상 승자와 패자로 나뉘어 있다. 승자는 모든 것을 독식하고 패자는 모든 것을 잃게 되는데 이것이 제로섬 게임과 같다고 할 수 있다.

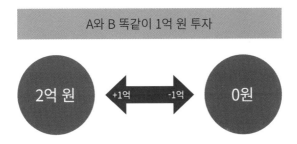

제로섬 원리

암호화폐 제로섬 게임

시장에 공포가 만연하면 올라간다.
시장에 환희가 만연하면 떨어진다.
현금 비중을 100% 넣고 모두가 가즈아를 외치면 떨어진다.
비트코인이 엄청난 하락을 했을 때 드라마틱한 호재로 인해 크게 반등한다.

비트코인이 엄청난 상승을 했을 때 상상하기 싫은 악재로 인해 급락한다.

모두가 망했다고 생각하고 커피츌레이션(Capitulation)[3]이 일어나면 시장은 큰 상승을 한다.

모두가 저점이라고 예측한 지점은 주지 않는다. (1층이라고 생각했는데 지하가 있었다)

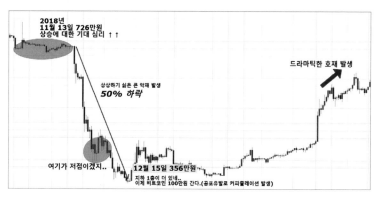

2018년 말에 나온 커피츌레이션 상황

위 자료는 2018년 말에 발생한 암호화폐 커피츌레이션 상황이다. 2018년에는 암호화폐가 오랜 하락장을 딛고 크게 상승할 것이라는 환희에 가득했다. 국내외 유명 유튜버들부터 시작해 많은 사람이 상승을 점치게 되었고, 이 시기에 많은 사람이 대출과 추가 물타기 등을 통해서 자신의 평단가를 낮췄다.

많은 사람의 기대에도 불구하고 암호화폐는 투자자들의 생각과 반대로 진행될 때가 많다. 부자들은 돈 보따리를 쉽게 풀어주지 않는 것이다.

---

3) 투자자들이 수익에 대한 희망을 버리고 암호화폐를 대량 매도하는 상황을 말한다.

" 이런 사람들은 코인을 하지 말자.

주식 등 다른 투자처에서도 제로섬 게임은 존재한다. 하지만 암호화폐는 1,000명의 부를 단 10명에게 몰아주는 매우 극단적인 시장이다. 990명이 잃을 수 있지만 10명은 엄청난 돈을 벌 수 있다는 것이다. 그래서 암호화폐 투자에서는 늘 눈치가 빠르고, 세상의 흐름을 읽고, 투자 마인드, 체력 등 여러 가지가 준비되어 있는 사람들에게 큰 부를 약속해 준다. 투자의 '투'도 모르는 주변 사람들이 이거 좋다고 사거나 팔라고 좌지우지 흔들리는 심약한 사람들은 투자에 주체 의식이 없는 사람들이다. 그런 사람들은 당연히 손해를 볼 수밖에 없고 투자로 돈을 절대 못 번다. 필자는 그런 사람들에게 강력하게 투자를 하지 말고, 그냥 회사에서 현금 채굴만 열심히 하라고 권한다.

암호화폐는 가격 등락이 심한 코인들이 많다. 시가총액이 낮아 한번 상승하게 되면 몇백 퍼센트는 우습게 올라간다. 소위 말해 '잡알트코인'이라고 낮잡아 말한다.

투자 초보자가 이 시장에 들어오게 되면 시가총액이 낮고 변동성이 큰 코인에 혹해서 투자를 많이 하게 되는데, 이것은 시가총액이 낮은 암호화폐에 기부하는 기부 천사와 같다. 즉 깡통을 찬다는 얘기다. 그래서 사람들은 몰라서 용감한 초보 투자자들에게 '코린이(코인 어린이)'라는 별명을 붙일 수밖에 없다. 암호화폐는 -90%까지 열려 있는 매우 자연스러운 시장인데 코린이들은 내 자산이 열

토막이 날 수도 있는 걸 인지하지 못하고 돌격하는 자세로 투자에 임했다가 계좌가 깡통이 되는 경우가 비일비재하다.

깡통이 되는 사람들은 하락장보다 대부분 상승장 때 제일 많이 나온다. 하락장에는 사람들이 참여를 잘 안 하니깐 가격이 빠져서 코인을 구매하려는 용기가 없다.

그래서 상승장이 나와서 코인이 천정부지로 치솟을 때 그제야 너도나도 급하게 코인을 따라 샀다가 떨어지면 무서워서 다시 팔고 다시 오르면 사기를 반복하게 된다. 내 자산이 점점 깡통이 되는 매우 전형적인 방법이다.

돈을 버는 것은 힘들다. 투자의 세계도 마찬가지다. 마음에 여유가 없고 누구보다도 빨리 일확천금을 벌어서 가난한 흙수저를 탈출하고 싶다는 생각은 전부 가지고 있다. 실력도 없는데 앞뒤 안 가리고 공격적인 투자 성향을 지닌 사람들은 매우 걱정스럽다. 특히 나이가 많은 장년층이 코인을 하게 되면 더욱 그렇다.

이런 사람들이 상승장에서 깡통 찬다.

- 무리한 욕심으로 공격적 투자를 강행하는 사람
- 코인 가격이 오를 때 들어가는 사람들
- A 코인에 투자하고 있는데 B 코인 가격이 갑자기 상승하니 B 코인으로 갈아타는 사람

- B 코인으로 갈아탔는데 본인이 소유했던 A 코인이 급상승하니 다시 A 코인으로 갈아타는 사람
- 가격이 오를 때 사고 가격이 떨어질 때 파는 것을 반복하는 유형

투자 실패하기에 딱 좋은 유형

- 투자금을 대출했다.
- 장기 투자를 못 한다.
- 내가 투자하면 돈을 벌 수 있다고 생각한다.
- 유튜브에서 나오는 말을 다 믿고 투자한다.
- 빨리 써야 하는 돈을 넣어놨기 때문에 조급함이 있다.
- 50대가 넘는데 차트도 잘 보지 못하고 공격적인 성향이다.
- 차트를 볼 땐 눈이 침침해서 안경을 끼거나 벗어야 한다.
- 코인 가격이 올라갈까 봐 두려워서 코인을 무조건 구매해 놓는다.
- 코인이 떨어지고 버티기 전략을 진행 중인데 내가 가진 코인이 안 오르고 다른 코인이 오르면 불안해서 내가 가진 코인을 팔고 다른 코인을 구매한다.
- 떨어질까 봐 무서워서 코인을 전부 현금화시켰는데, 갑자기 코인들이 오른다.
- 떨어질까 봐 현금화를 진행했는데 코인들이 오르면 나만 빼고 올라갈까 봐 무섭다.
- 나만 빼고 올라갈까 봐 무서워서 다시 구매했는데 떨어진다.

이 항목 중에서 대다수가 공감된다면 여러분은 투자 스타일을 반드시 바꿔야 한다.

> ## " 부자들과 생각을 같이하자.
> ## 부자처럼 행동해야 부자 턱밑까지 쫓아갈 수 있다.

18세기 은행가 배런 로스차일드(Baron Rothschild)는 다음과 같은 유명한 말을 남겼다.

"거리에 선혈이 낭자할 때가 매수할 적기다."

암호화폐 공포·탐욕 지수(극단적 공포)
(출처: Alternative)

세계적인 투자가 워런 버핏, 존 템플런 경 등도 다른 사람들이 공포를 느끼고 비관론자들이 시장에 팽배해질 때 투자하라고 말했다.

따라서 대개 코인을 구매해야 하는 시점은 아래와 같이 시장에 공포가 나올 때 사야 한다. 또한, 코인에서 극단적인 공포가 나오고 언론 매체에서 '비트코인은 망했다'라는 SF와도 같은 기사가 나올 때가 더욱더 구매하기 좋은 타이밍이다. SNS 커뮤니티 그룹에서 '망했다', '한강 가자'라는 말이 많이 언급될 때가 구매 타임이다. 더 정확히 말하면 비트코인을 아주 싸게 살 수 있는 인생 최고의 기회이기 때문이다.

필자는 인생 최고의 기회를 제대로 잡았다. 밥값, 술값, 교통비, 옷값, 여행비를 전부 아끼고 모아서 공포 탐욕 지수가 높을 때마다 코인을 구매했다. 특히 2018년 연말~2019년 상반기는 집중적으로 매수하는 기회를 가졌다. 사업을 하고 있었지만, 밤에는 아르바이트를 하면서 돈을 모으고 모으고 모으고 또 모아서 조금씩 비트코인과 이더리움 같은 메이저 코인들을 구매했다. 덕분에 2017년 잃었던 평단가를 대부분 낮추었고 큰 시드(종잣돈)를 모으게 되었다.

내 코인은 언제 사고 언제 팔아야 할까요?

"내가 부자라면 언제 코인을 구매하고 언제 팔아야 할까?" 업비트 원화 차트 '주봉'(캔들 한 개에 1주)으로 볼 때 코인을 구매해야 하는 구간은 의외로 매우 간단하다.

암호화폐는 제로섬 게임 극을 달리고 있기 때문에 제로섬 게임을 기반하여 구매 시점을 좀 더 자세하게 설명한다면 아래와 같다.

암호화폐 매수 시점

- 내가 구매한 코인이 –80% ~ -90%가 되어 있을 때
- 암호화폐 공포 및 탐욕 지수가 극단적 공포에 가까울 때
- 코인 투자에 비관하여 극단적인 행동을 하는 사람들이 있을 때
- 비트코인 관련 채팅방에 글이 올라오지 않아 얼어붙어 있을 때
- 뉴스 신문 등 언론에서 "암호화폐는 죽었다"라는 기사를 쓸 때
- 투자자들이 각종 게시판에서 "망했다"라는 곡소리가 많을 때
- 본인이 우울증에 걸릴 정도로 매우 힘든 마음을 가지고 있을 때

또한, 암호화폐 투자자들은 매도 시점에 대해서 고민하는 사람들이 많다. 필자가 생각하는 코인을 매도하는 시점은 아래와 같다.

암호화폐 매도 시점

- 암호화폐 공포 · 탐욕 지수가 극단적 낙관에 가까울 때
- 구글 · 네이버 트렌드 검색어에 비트코인 검색률이 높다.
- 회사, 학교, 지하철에서 코인 창을 열고 보는 사람들이 많다.
- SNS에서 대학생, 청소년들이 코인 하는 것을 심심치 않게 볼 수 있다.
- 아파트, 카페, 편의점, 밴드에서 아저씨 · 아줌마들이 코인을 하고 있다.
- 동사무소, 전통시장, 노인정 등 나이 지긋한 어르신이 코인을 하고 있다.
- 암호화폐 채팅방, 커뮤니티, 거래소(※ 거래소 신규 이벤트)에 신규들이 넘치고 있다.
- 암호화폐 중대 범죄가 발생하여 정부에서 암호화폐 규제 내용을 언론을 통해 계속 알린다.

- 본인이 환희에 차올라 여러 가지 행복회로들을 쏟아내 부자 되는 상상을 자주 한다.
- "코인으로 충분히 돈 벌 수 있는데 왜 힘들게 회사를 다녀야 하지?"라는 생각을 자주 한다.

제로섬 게임에 관하여 미국에 유명한 일화가 있다. 1928년 미국의 철강왕 앤드루 카네기가 사무실로 들어가기 전에 구두닦이 소년을 찾았다. 그런데 그 소년이 구두를 닦으면서 이렇게 말하는 것이었다. "아저씨 구두를 보니 돈 많으시겠어요. 아저씨는 주식 많이 갖고 계세요? 저도 이번에 학비로 쓰기 위해 모은 돈으로 주식을 많이 사 놓았어요. 진작 사 놓을 걸 하고 후회가 돼요. 저 앞 철강회사의 카네기 씨는 주식이 엄청나게 많겠죠?" 앞의 신사가 카네기인 줄 모르는 소년은 연일 주가가 오르자 흥분하며 카네기를 부러워했다. 실제로 철강왕 카네기는 여러 주식을 엄청나게 많이 가지고 있던 그는 사무실로 돌아와서 많은 생각에 잠겼다.

"가난한 구두닦이 소년까지 주식을 최대한 사 모았다는 건 살 사람은 다 샀다는 뜻이 아닌가!"

그는 당장 거래증권사에 전화를 걸어 주식을 팔아치우기 시작했다. 증권사 임원들이 극구 만류했지만 카네기의 결심은 단호했다.

그 후 몇 달이 지나자 치솟기만 하던 주가는 거래 없이 폭락하기 시작했다. 카네기의 예측대로 당연히 살 사람은 거의 다 샀기 때문에 폭락하는 주가를 받쳐줄 추가 매수세가 형성되지 않은 게 원인이었다. 결국 주가 대폭락은 미국의 경제 대공황을 초래했고 많은 사람이 파산하고 자살했다. 철강왕 앤드루 카네기가 있던 1900년 초기는 변동성이 매우 큰 시장이었다. 변동성이 암호화폐도 손해 보고 떠나는 개미들이 많을수록, 그리고 고래들의 손에 피 묻은 돈을 많이 가질수록 제로섬 게임에서 이긴다는 생각을 가지고 마음에 안고 가야 한다.

언제 팔아야 될지 모르겠다고? 그럼 이렇게 해봐! 아주 쉽고 간단한 매도 시기 파악하기

19세기 철강왕 카네기는 아날로그적 감성으로 접근했다면 우리는 21세기에 맞춰 스마트하게 접근해 보자. 필자는 매도 시기를 파악할 수 있는 가장 단순하면서도 확실한 방법은 구글 트렌드를 통해 전 세계 사람들의 생각을 읽는 것이다.

구글 트렌드에서 'Bitcoin'을 검색하면 2017년 12월에 검색량이 최고점에 도달한 것을 알 수 있다. 2017년 12월은 비트코인이 사상 최고가 '1만 9,665달러'를 달성하였던 시기와 같고 대 상승장이 일어났던 시기임을 알 수 있다. 또한, 검색량이 급증한 시기는 비트코인에 큰 변동성이 일어나는 시점과 같다. 현재 비트코인 사용 인구는 1억 명이다. 인구수로 놓고 볼 때 많은 숫자라고 생각하지만, 미국의 개인 주식 계좌 수는 1억 200만 개이고 한국의 개인 주식 계좌 수는 3,125만 개이다. 따라서 비트코인 사용 인구는 아직도 적기 때문에 암호화폐 시장은 매우 밝다.

결론적으로 아직 비트코인에 대해 모르는 사람들이 많다. 필자의 의견은 구글 트렌드를 통한 비트코인 검색 데이터가 2017년 12월을 2배 정도 뛰어넘는 시기가 도달하면 우리는 즉각 매도하고 시장을 떠나야 한다.

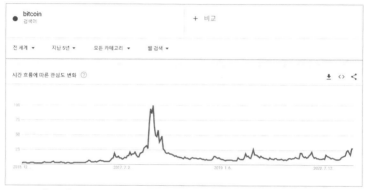

구글 트렌드로 보는 비트코인 매도 시기. 아직 2017년 12월을 넘지 못했다.

보통 코인 첫 투자 이후 수익으로 전환되는 시기는 2~3년이다. 극단적인 제로섬 시장에서 살아남기 위해서는 꾸준히 투자해야 한다. 하락을 두려워하지 말고 오히려 기뻐하자. 투자자들이 하락에 대한 절망과 관심에서 멀어졌을 때가 최적의 투자 시기이다. 구글 트렌드 검색에서 보면 구글 검색량이 비트코인의 상승과 맞닿아 있는 점을 볼 수 있다. 따라서 독자들은 큰손들의 흐름을 잘 알아야 한다. 수천 억을 움직이는 큰손 입장에서 볼 때 비트코인을 사야 하는 시점과 팔아야 하는 시점은 매우 명확하다.

마치 수확과도 같다. 물과 양분을 주고 쑥쑥 자랄 때마다 수확하면서 수익 실현을 하는 것이다. 내가 큰손이라면 비트코인에 수많은 호재를(영양분) 발표하여 개미 투자자들의 관심을 고조시켜 구매 심리를 극도로 높일 때(성장) 시장을 훼손하지 않는 범위에서 수익을 실현(수확)할 것이다. 박수를 보낼 때 떠나자. 많은 사람이 생각하는 행동과 반대로 행동해야 돈을 벌 수 있다. 암호화폐는 모든 사람에게 공평하게 돈을 나눠 주는 보편적 복지제도가 아니다.

" 최소 3년 이상 가지고 있지 않으려면 코인에 투자하지 마라.

암호화폐는 '로또와 성질이 같아서, 로또보다 높은 확률로 여러분을 부자로 만들어 줄 수 있는 투자 상품'이다. 우리가 생각하는 로또란 무엇일까? 가게에서 로또를 사서 토요일 저녁에 진행되는 로또에 당첨되기만 해도 우리는 일주일 안에 큰 부자가 되어 힘든 사회생활을 접고 안락한 삶을 산다. 단 한 방에 인생 역전할 수 있기 때문이다. 암호화폐도 마찬가지다. 암호화폐는 단 하루만에도 수백 퍼센트 상승할 힘을 가지고 있는 투자 상품이기 때문에 실력이 없는 사람들도 운만 좋다면 큰 수익을 가질 수 있게 한다.

필자가 앞서 로또와 성질이 같다고 언급했듯이 로또와 비슷한 단점도 있다.

만약 높은 투자 수익에 눈이 뒤집혀 많은 대출금을 안고 묻지마 투자를 진행한다면 단 10분 만에도 깡통을 찰 수 있는 매우 위험한 시장이다. 여러분은 단기간에 절대 이익을 얻을 수 없는데 설령 단기간에 이익을 얻게 된다고 하더라도 시장이 여러분에게 주는 선물이지 절대 본인의 능력으로 얻은 이익이 절대 아니다.

비트코인 온라인 게임에 접속한 저레벨 유저가 고레벨 유저처럼 행동하면 딱 죽기 쉽다.

그래서 암호화폐는 최소 3년 이상 투자하면서 암호화폐의 상승과 하락 사이클을 느껴야 한다. 매일 돈을 아껴 비트코인이 하락할 때마다 그동안 모은 돈으로 코인을 구매하는 작업을 최대 3년 동안 지속해야 한다는 것이다. 암호화폐는 비트코인이 중심이 되어 시장을 선도하고 있는데, 비트코인의 중요한 호재가 암호화폐의 향방을 가늠한다고 해도 과언이 아니다. 비트코인 채굴량이 절반으로 떨어지게 되는 비트코인 반감기는 4년 주기로 나타난다. 따라서 약 4년간 꾸준히 투자만 한다면 여러분의 계좌에 큰 수익이 발생하기 시작할 것이다.

"4년간 꾸준한 투자를 위해선 비트코인 4년 사이클을 꼭 배우자."

암호화폐는 비트코인과 여러 메이저 알트코인을 비롯해 많은 암호화폐의 가격 상승과 하락을 거쳐 지금까지 왔다. 대다수 암호화폐는 비트코인의 상승과 하락에 따라 운명을 결정짓게 되는데 그 운명의 수레바퀴 중심이 비트코인 반감기다. 따라서 비트코인 반감기를 기점으로 4년 주기의 상승 · 하락 사이클이 존재한다. 이 사이클만 알아도 암호화폐 투자에 매우 도움 되며, 특히 향후 투자 적기를 찾아낼 수 있는 중요한 자료가 될 것이다. 4년 주기 하락 사이클을 기준으로 본다면 우리가 비트코인 투자 핵심 시기는 비트코인 최고점 달성 후 1년 뒤 시점부터 약 3년간 지속적인 매집을 진행해야 한다. 이 기본 사이클만 이해하고 있어도 여러분들은 큰 하락장 속에서 멘탈이 무너지지 않고 충분히 비트코인을 구매할 수 있는 힘을 가지게 된다.

상승장	→	하락장	→	1차 개미 털이& 물량 매집
상승을 통한 물량 테스트	→	2차 개미 털이& 물량 매집	→	반감기

비트코인 세력 입장에서 본 4년 주기 기본 사이클

연도	내용	기본 사이클
2012년	반감기 이후 슈퍼사이클 (지속적인 상승) 시작	1차 반감기
2013년	슈퍼사이클로 인한 비트코 인 최고점 달성	상승장
2014년	슈퍼 다운 사이클(지속적 인 하락) 시작	하락장 및 1차 개미 털이 및 물량 매집
2015년	1년간 박스권 횡보	상승을 통한 물량 테스트 2 차 개미 털이 및 물량 매집
2016년	반감기 이후 슈퍼사이클 (지속적인 상승) 시작	2차 반감기
2017년	슈퍼사이클로 인한 비트코 인 최고점 달성	상승장

연도	내용	기본 사이클
2018년	슈퍼 다운 사이클(지속적인 하락) 시작	하락장 및 1차 개미 털이 및 물량 매집
2019년	1년간 박스권 횡보	상승을 통한 물량테스트 2차 개미 털이 및 물량 매집
2020년	반감기 이후 슈퍼사이클(지속적인 상승) 시작	3차 반감기
2021년	슈퍼사이클로 인한 비트코인 최고점 달성	상승장(예상)
2022년	슈퍼 다운 사이클(지속적인 하락) 시작	하락장 및 1차 개미 털이 및 물량 매집(예상)

연도별로 정리한 비트코인 사이클

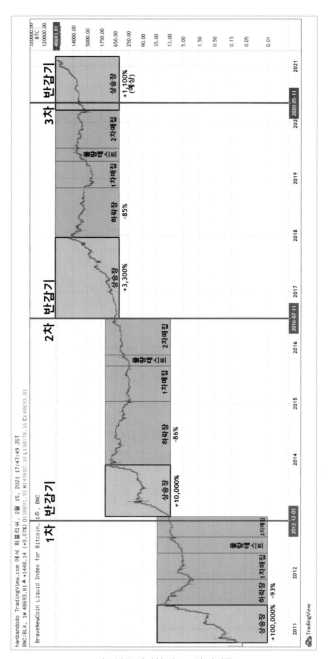

연도별로 정리한 비트코인 사이클

❝ 3년 동안 밥값, 술값, 담뱃값을 아껴서 매일 1만 원씩 투자한다면?

dcabtc.com에서 제공하는 BTC 투자 계산기로 예를 들자. 2018년 2월부터 2021년 2월까지 매일 2만 원씩 비트코인에 투자했다면 432.06% 수익이 발생한다. 우리나라 원화 기준으로 약 1억 3,000만 원의 수익을 얻는 것이다. 만약 동일하게 3년간 매일 2만 원씩 비트코인, 금, 달러를 투자했을 때 수익률은 아래와 같이 나오는데, 금(24.7%)과 달러(19.88%)에 투자하는 것보다 월등히 높은 수익률이다.

2017년 12월은 비트코인이 사상 최고가에 도달했던 때다. 모두가 환희에 차 있을 당시 정부 규제로 인해 하락의 시작을 알렸다. 이후 90% 가까운 폭락이 진행되어 암호화폐 투자자들에게 끝없는 좌절의 터널에 맛보았다. 만약 고점 포지션에 있는 사람들도 매일 조금씩 소액 투자를 진행했다면 1억 원을 충분히 여러분 지갑 속에 넣을 수 있었다는 뜻이다.

매수	매도	거래내역

미체결	체결	
체결금액		49,020

매수	03.08 20:40
마켓명	BTC/KRW
체결가격	4,288,000
체결수량	0.00244869
체결금액	10,501

매수	03.07 15:18
마켓명	BTC/KRW
체결가격	4,274,000
체결수량	0.00655124
체결금액	29,283

매수	03.05 05:36
마켓명	BTC/KRW
체결가격	4,160,000
체결수량	0.00552885
체결금액	23,001

필자가 비트코인을 매일 조금씩 매수한 기록

필자는 약 2년 동안 매일 기회비용을 아꼈다. 기획업을 하는 사람이라서 소비가 매우 많았다. 이 소비를 최대한 아껴 투자로 전환하는 작업을 통해 매주 비트코인이 하락할 때마다 모았던 기회비용을 비트코인과 메이저 코인 위주로 적극적으로 매수하였다. 엄청난 폭락에 남들은 우울감에 사로잡혀 있었지만, 필자는 예전에 비쌌던 코인을 저렴하게 살 수 있다는 안도감에 기분 좋게 매수 버튼을 눌렀다. "라이트코인이 50만 원까지 갔었는데 5만 원에 살 수 있네? 라이트코인이 언젠가 다시 50만 원을 회복할 거니깐, 내가 가진 5만 원이 나중에 50만 원이 되겠지…. 우와 10배 수익이잖아?!"라고 생각하며 암호화폐의 높은 변동성에 두려워하지 않고 꾸준히 투자를 이어간 결과 놀라운 일들이 발생했다. 매수 평균가는 계속 떨어지면서 비트코인의 가격들이 올라가면서 결국에는 수익권에 들어서게 되었고 복리가 발생하게 되었다.

"잘 들었습니다. 하지만 저는 매일 소액을 투자하기엔 너무 귀찮고 힘이 듭니다. 그냥 한 방에 투자하면 안 되나요?"

위와 같이 생각하는 사람들에게 나는 이렇게 말해 주고 싶다.

"투자는 부지런한 사람이 게으른 사람의 지갑을 뺏는 것이다."

세상 모든 일은 자신의 계획처럼 움직이질 않는다. 돈을 쉽게 벌 수 있다면 세상 모든 사람이 부자가 되어야 하는데, 주위를 둘러보면 부자는 적다. 부자들은 그들 나름대로 투자 철칙을 가지고 있는데 의외로 단순한 사람들이 많다. 단순하지만 어려운 철칙들… 이런 차이가 부유한 자와 가난한 자가 결정된다.

" 어떤 코인을 사면 좋을까요?

    암호화폐에 첫발을 내디딘 코린이들은 코인에 대해서 잘 모른다. 여러 유튜버 방송을 보면서 코인을 추천받아 시작하게 된다.

    암호화폐에 처음 입문한 대다수 코린이는 대개 거래 창에서 가격이 낮은 코인 혹은 이름을 한 번쯤 들어본 코인을 구매하거나 가격이 상승하고 있는 코인 위주로 구매를 진행한다.

    대개 여기서 절반 정도가 큰 손실을 입고 나가게 되는 것이다. 시가총액이 적은 코인들은 상승과 하락이 매우 쉬워서 차트의 패턴이 잘 맞지 않는 경우들이 많다. 언제 상장 폐지가 될지 모르는 코인들도 매우 많기 때문에 주의해서 구매해야 한다.

    필자가 생각하는, 투자를 해도 좋은 코인은 아래와 같다.

오랫동안 투자가 가능한 코인들

- 코인의 사용처가 명확하다.
- 세계 유명 거래소에 상장되어 있다.
- 지속해서 업데이트가 되고 있다.
- 대기업에서 직접 코인을 만들었다.
- 대형 기관에서 투자 포트폴리오로 지정했다.
- 시가총액이 상위 10위에 속하거나 1조가 넘어간다.
- 정기적인 코인 보고서 및 호재 등 다양한 소식들이 잦다.
- 커뮤니티에 욕설과 비방이 없고 투자자와 운영진과 사이가 좋다.
- 코인에 관련된 사업을 이미 진행하고 있고 유저가 수십만 명이 넘는다.

오랫동안 투자를 해야 하는 코인이기 때문에 신중하게 골라야 한다. 만약 투자에 적합한 알트코인이 없다고 판단되면 비트코인을 구매하는 것이 간단하다. 비트코인은 언젠가 디지털 금화로 인정받아 '금'을 대체하는 투자 수단으로 주목받을 수 있기 때문이다.

❝ 다단계 코인은 어떻게 구별할 수 있나요?

불법 다단계 코인에 투자 피해를 보는 경우가 꽤 많다. 필자 주변 지인들에게서도 심심치 않게 다단계 코인에 투자 피해를 본 사람들을 많이 발견할 수 있었는데, 비트코인처럼 일확천금을 얻을 수 있다는 달콤한 말들에 현혹되어 빠진 사람들이 대다수다.

다단계 코인은 절대로 비트코인이 될 수 없다. 비트코인처럼 큰 기회를 노릴 수 있는 코인들은 절대 여러분들을 모시고 설명회를 열지 않는다.

다단계 코인을 감별하는 방법이 여러 가지가 있지만 제일 쉬운 방법은 다음과 같다.

다단계 코인을 100% 확증하는

- 투자 설명회가 열리는 장소가 허름하다.
- 설명회에 코인에 대해서 잘 모르는 중 · 장년층이 많다.
- 거래소 상장, 목표 가격 등 여러 비밀을 쉽게 알려준다.
- 쉬운 내용을 매우 어렵게 설명한다.

- 코인에 대한 허황한 가격과 전망을 알리며 원금 손실이 없다고 말한다.
- 다단계 종사자들이 신뢰 관계를 맺으며 열변을 토하며 코인 구매를 강요한다.
- 구글 검색창에 협력사 또는 코인 이름을 검색했을 때 뉴스 등 여러 정보가 나오지 않는다.

필자의 사례를 알려주겠다. 지역에서 코인에 대해 서로 토론하는 모임이 있다고 해서 그 모임에 갔던 기억이 있다. 모임 장소는 횟집이었다. 가기 전부터 호스트의 느낌이 좋지 않았는데 막상 가보니 어른들이 옹기종기 모여 있고 전지를 벽에 붙여 다단계 투자 설명회를 진행하던 것이다. "뚱뚱 코인이 금융으로 유명한 영국의 땡땡 은행과 함께 손을 잡고 만들고 있는데 수년 뒤에 비트코인을 넘어설 것이니 지금 빨리 조금이라도 사놔야 한다."라는 황당한 발언을 하는 것이다. 이어 "여러 국내 땅땅 코인 거래소에 상장을 진행할 것이며, 지금 코인 가격이 10원인데 6개월 안에 1,000원이 될 것이므로 지금 빨리 구매하세요."라면서 많은 사람의 귀를 솔깃하게 만들었다.

쉬는 시간이 오자 사람들에게 "이거 다단계인지 알고 하시는 건가요?"라고 물어봤는데 돌아오는 대답은 코인에 대해 아무것도 모르는 애송이 취급이었다. 곧이어 멀리서 듣던 여러 다단계 관계자들이 나를 밖으로 끌어내었고 다시는 횟집에 들어가지 못했지만, 사람들이 이것이 가짜라고는 전혀 믿지 않는 것에 놀랐다. 그저 일확천금을 벌 수 있다는 허황한 욕심에 사로잡혀 가짜를 보는 눈이 완전히 막혀버린 것이다. 돈을 잃고 난 후 사기라는 것을 알게 되더라도 돌이킬 수 없다. 사기꾼들은 말로 먹고살기 때문에 법을 잘 알고 있어서 증거가 없어지기 전까지 지지부진하게 시간을 끌다 증거가 없어진 시점부터 자기 행동을 합리화하며 법적인 탈출을 진행한다. 암호화폐 투자의 세계에서 지름길은 매우 힘든 법이다. 요행을 바라다 지옥행이 올 수 있으니 명심하자.

" 빚내서 투자해도 될까요?

암호화폐를 빚내서 투자했던 한 대학생의 사례

나는 울산에서 대학교에 다니는 복학생이다. 군대를 다녀오니 부모님에게 손을 벌리기 싫어 평일에는 편의점 아르바이트, 주말에는 공장에서 자동차 부품 조립 아르바이트를 하면서 차곡차곡 돈을 모아 등록금을 마련했다. 힘들게 돈을 벌어 보니 돈 1만 원 소비하는 것이 무서웠고 부모님이 주는 용돈의 소중함을 알았다. 어느 날 우연히 공장에 있는 아는 형이 암호화폐를 소개해 줬다. 지금 가입하면 3만 원을 준다고 하였다. 처음에는 토토라고 생각해서 하지 않았다. 그런데 주변 동료들이 받기 시작하자, 그제야 3만 원을 받기 위해 거래소에 가입하였다. 거래소에 가입하니 그곳은 신세계였다. 수십 퍼센트가 넘게 상승하는 코인들이 있었고 신기해서 비트코인에 대해서 검색엔진을 통해 검색해 보니 비트코인이 처음에는 10원으로 시작했는데 지금 1,300만 원이었던 것이다.

그때 나는 문득 이런 생각이 들었다. "만약 내가 10만 원을 투자해 놓으면 언젠가 1,000만 원이 되어 있을 수 있잖아?"라고 생각하며 가지고 있는 돈 10만 원을 추가로 넣었다. 일주일 후 코인 지갑을 열어보니 20% 상승하여 2만 원이 증가했다. 일하지 않아도 2만 원을 벌 수 있다는 것에 나는 신기했다.

"만약 내가 100만 원을 넣었다면 일주일 만에 20만 원 벌었잖아?"

나는 암호화폐 투자를 다짐하며 배구 리그에 많이 나오던 무 대리에게 전화를 걸어 500만 원을 대출해서 투자를 진행했다. 대출해서 돈을 넣은 몇 달간은 승승장구했다. 밥을 먹고 싶으면 빠르게 단타 쳐서 번 돈 3만 원으로 식비를 충당했다. 대학생치고는 돈을 많이 벌게 되었다. 마치 세상이 전부 내 돈으로 보였다. 평일에 힘들게 알바를 하면서 돈을 벌지 않아도 되겠다는 판단이 들어 평일 편의점 알바를 그만두게 되었다.

문제는 그 이후부터 발생하게 되었는데 갑자기 큰 조정이 오기 시작하더니 내가 가지고 있는 돈이 며칠 만에 50%나 급락한 것이다. 조금 더 정신을 가다듬고 한두 달 안에는 올라가겠지 하며 생각했지만 몇 달이 지나도 오를 기미를 보이지 않고 있다가 급기야는 내가 가진 자산이 −80%를 찍게 되었다. 밥을 먹을 때, 여자 친구와 만날 때, 학교 공부를 할 때마다 코인 생각밖에 나지 않았다. "왜 내가 그때 팔지 않았을까?"를 되뇌며 현실 부정을 하였다. 그리고 코인 가격이 떨어져 내 삶에 영향을 끼치게 되니 정신이 똑바로 차려졌다. 매달 대출금을 갚기 위해 다시 편의점 아르바이트를 시작하고, 남들보다 더 열심히 악착같이 돈을 벌 수밖에 없었다. 나는 왜 이렇게 꼬였을까? 도대체 어디서부터 잘못한 것일까?

요즘 20·30세대는 빚을 내어 투자를 하는 게 유행이 되었다. 필자는 2017년 대출금 전부 끌어당겨서 투자했던 '빚투'의 선구자다. 빚투로 잠시 성공을 했던 적이 있었지만, 끝은 역시나 허황한 욕심에 사로잡힌 나였다. 그래서 빚이 내 일상생활을 갉아먹는 느낌 때문에 특별한 이유가 아니면 빚내서 대출하는 것을 배제한다.

RPG 온라인 게임을 예를 들어보자. 온라인 게임에서 고렙이 되기 위해서는 어떻게 해야 하나? 게임에 대해 아무것도 모르는 저레벨 때부터 아이템 판매 사이트에서 유니크 아이템을 구매해야 할까? 초보 유저일 때는 그 게임에 적응해 가면서 컨트롤과 게임의 성격 등을 배우며 경험치를 늘려야 한다. 그 이후부터 성향에 따라 유니크 아이템을 현금 구매로 남들보다 좀 더 강한 캐릭터를 만들어야 하는 것이 맞다.

투자의 세계도 마찬가지다. 차트, 보조 지표, 코인 특징, 투자 스타일 등 최소 1~3년은 소액으로 투자를 하면서 천천히 배워 가야 한다. 수십~수백 % 상승하는 암호화폐 투자시장에서는 더욱 필요하다. 수저 변환을 꿈꿨다가 80% 이상 하락하여 가지고 있는 수저마저 잃을 확률이 높은 시장이기 때문이다.

앞서 대출을 하면 투자에 망하는 유형이라고 얘기를 했다.

하지만 어떤 사람들은 이런 얘기를 하기도 한다.

"가게를 차릴 때도 처음에 빚을 내서 차리는데 투자도 똑같지 않나요?"

맞는 말이지만 다르게 생각해 보자. 필자가 카페를 개업한다고 예를 들자. 가게 운영 경험, 음식 조리 경험, 손님 응대 경험 등 모든 것이 부족한 상태에서 카페를 개업하면 과연 성공할 수 있을까? 종잣돈 없이 빚을 내서 하다 보면 어느 순간 나 자신이 돈에 끌려다니게 된다. 힘들더라도 최소 여유가 있어야 올바른 선택과 판단이 가능하다. 그렇지 못하면 매달 대출 이자와 임대료에 감당 못 하고 빠르게 폐업 신고할 수밖에 없다.

투자의 세계도 마찬가지다. 기존에 본인이 가지고 있는 투자 성향을 전혀 모른 채 빚을 내서 투자하게 되면 성향이 공격적인 투자 스타일로 변하게 된다. 마치 스타크래프트 게임에서 'SHOW ME THE MONEY' 치트키를 친 기분이라고 생각하면 이해할 수 있다. 내가 가지고 있는 돈은 한정적인데 계속 돈이 무한하다는 착각과 함께 투자 게임에 들어와 있으니 심정은 어떨까?

돈은 전혀 무한하지 않다. 투자에 대해 잘 알고 하자.

묻지마 빚투로 돈 벌기 쉽다는 인식을 가지는 순간 여러분들은 언젠가 나락으로 빠질 확률이 높다.

『 투자를 절대 하면 안 되는 사람들의 유형

필자는 지역에서 사기 다단계 코인에 투자 피해를 본 사람들이 안타까워 그 사람들을 모아 암호화폐를 제대로 알려드리는 봉사활동을 하고 있다. 비용은 무료. 가끔 모임을 할 때 커피값 정도 받는 것을 원칙으로 2019년부터 약 1년 반 동안 운영하고 있는데, 2020년 12월 대다수가 투자 피해에 구제되어 수익으로 전환되었다.

100% 수익이 전환되었다면 하늘에 감사할 일이지만, 수익으로 전환하지 못하고 오히려 마이너스가 된 사람도 있다. 투자해도 되는 유형과 절대 하지 말아야 하는 유형을 분리하지 못한 것이 필자에게 큰 실책이다.

암호화폐에 투자 유형은 크게 3가지로 나뉜다.

1. 투자하고 잊어버리는 방목형
2. 공부와 투자를 병행하는 하이브리드형
3. 공부 없이 오로지 감으로 투자하는 기도매매형

수익이 가장 많이 나는 유형은 1번 방목형 확률이 높다. 암호화폐 투자 대박이 난 사람들은 대개 구매를 하고 난 후 잊어버리고 몇 년 간 지내다가 언론에 암호화폐 얘기가 나올 때 기억나서 대박 난 사람들이다.

손해가 가장 많이 나는 유형은 3번 기도매매형일 확률이 높다. 암호화폐는 주식과는 달리 차트의 흐름에 따라 호재와 악재가 맞춰 나온다. 즉 차트 분석만 잘해도 수익을 기대할 수 있는 시장인데, A코인 오른다고 A코인에 투자했다가 투자한 지점이 기술적으로 고점인지 모르고 낭패를 보는 사람들이다.

기도매매형은 바꾸기 정말 어렵다. 1년 전 멤버들과 자린고비 투자를 열심히 하던 시기 한 통의 전화가 왔다. 수십 년 동안 건설 현장을 누비다 이제 은퇴를 바라보고 있는 나이 지긋한 중년 어르신이었다. 처음에 암호화폐 투자 사기를 당하고 난 후 비트코인의 매력을 알게 되었고 그 뒤 조금씩 대출을 내어 투자를 진행하다 어느 덧 2억 원 가까운 돈을 투자하게 되었다. 투자금이 많아 부담스러워 매주 전화를 드리고 커피 한 잔 얻어먹는 조건으로 1:1로 만나 투자에 대해 열심히 코치해 드렸다.

하지만 큰 문제가 있었다. 분명히 필자가 볼 때는 이 어르신은 비트코인에 묻어 놓고 장기투자를 하는 방식으로 진행해야 하는데, 이 분의 투자 성향은 단타 방식이었다. 단타 방식은 나쁘지 않지만, 지표를 이해하고 차트를 볼 수 있는 실력이 어느 정도 수반되어야 하는데 전혀 배운 적 없이 의지만 앞섰다. 앞서 설명한 3번 기도매매 유형인 것이다.

그래서 그분에게 "먼저 10만 원으로 단타를 해보시고 10번 중에 8번 수익 나셨다면 단타를 하셔도 좋습니다."라고 나름대로 투자 처방을 내렸다. 하지만 조언은 한 귀로 듣고 한 귀로 흘려 전혀 지켜지지 않았다. "여러 번 말씀드렸는데 이제 고쳐지겠지…"라고 생각한 것이 화근이었다.

눈이 침침해 매도를 매수 버튼으로 착각해 손실이 나는가 하면, 그간 손실을 만회하기 위해서 필자가 추천한 종목 이외에 수백 퍼센트 오르는 소위 '시총 낮은 잡 알트코인'들에 투자하다 큰 손실이 일어나기도 했다.

그럴 때마다 "선생님은 코인을 잘한다고 착각하시는 것 같은데 정말 못하십니다. 시장이 선생님에게 돈을 주는 것이지 선생님이 잘해서 수익 난 것은 절대 없습니다. 비트코인만 그대로 가지고 가시면 언젠가 큰 이익을 얻을 수 있는데 왜 이렇게 급하신가요? 선생님 코인을 이렇게 하시면 거지가 되는 지름길입니다."라고 앞으로 절대 하지 말라는 차원에서 수위가 높은 독설을 내뱉는다.

그때마다 "아, 알았네! 홍 팀장. 내가 코인 창만 열면 자꾸 손이 가서 큰일이야… 이번에 팀장 말 꼭 듣고 이젠 다시는 안 그럴게."라고 말씀하셨다. 하지만 이것도 잠시, 가끔 코칭하기 위해 그분의 거래 기록을 보면 수많은 매수매도의 흔적들이 보였다.

이 글을 쓰고 있을 때 그분에게 연락이 왔다. 1억 원의 돈이 자신이 단타 습관을 끊지 못해 반 토막 났다며 복구할 수 있게 도와달라고 연락이 온 것이다. 필자가 추천한 비트코인에 전혀 투자할 의지와 의욕이 없는 분에게 이제 어떤 조언을 해야 할지 고민되는 시점이다. 한편으론 후회하기도 한다.

"그분이 투자 성향을 바꾸지 않는 고집이 있다는 것을 처음부터 알았다면, 투자를 하지 말라고 막았을 텐데…"

어쩌면 필자를 만나는 것보다 사기 다단계에서 수백만 원 피해를 보는 것이 그분에게는 더 이득이었을 것 같았다. 투자의 쓴맛을 사기 다단계로 맛을 봤다면 앞으로 절대 투자하지 않고, 건설 전문직으로 열심히 일을 하며 돈을 버는 게 더 안락한 삶을 살 수 있기 때문이다.

3번과 같은 유형의 사람들은 직접 투자를 하지 말라고 말린다. 투자를 하지 않아도 충분히 사회에서 현금 채굴을 하며 돈을 벌어 행복한 삶을 누릴 수 있는데 왜 굳이 투자를 해야 하는지 모르겠다. BTS로 유명한 빅히트엔터테인먼트를 구매했던 투자자들이 유명한 말을 남겼다.

"주식은 왜 환불이 안 되나요?"

"D+2 영업일 안에 증권사 찾아가면 매수했던 주식을 환불해 준다고 하던데 정확히 규정 같은 게 있나요?"

필자는 이 말을 듣고 황당해서 할 말을 잃었다. 한편으론 마음이 편하다. 냉혹한 적자생존 시장에서 내가 가지고 있는 암호화폐를 고점에서 매수 버튼을 눌러줄 사람들이 아직 많이 있으니 말이다.

❝ 투자 방식을 만들어야 돈을 번다.

"작가님! 내가 코인을 사면 떨어지고 내가 코인을 팔면 올라가요. 수익이 되지 않아서 속상해요." 이런 사람들은 반드시 투자를 멈추고 나 자신을 돌아봐야 한다.

아래는 필자의 고등학교 동창이 코인 투자를 실패한 사연이다.

2017년 12월 초 나의 첫 투자는 시작되었다. 직장 동료가 가상화폐로 큰돈을 벌었다는 - 2017년 12월 초 나의 첫 투자는 시작되었다. 직장 동료가 가상화폐로 큰돈을 벌었다는 소리를 듣고 나도 투자라는 것을 한번 해볼까? 30년 넘는 인생을 살며 투자라고는 한 번도 안 해본 나도 여태까지 열심히 살았는데, 그래 나도 투자를 한번 해보자는 생각으로 처음에는 소액 10만 원으로 투자를 시작했다. 하루가 지날수록 몇 시간이 지날수록 가상화폐의 단가는 높아져 갔고 10만 원으로도 몇만 원의 수익이 날 수 있다는 자체가 신기했다.

처음에는 10만 원이었지만, 며칠 뒤 100만 원만 더 투자해 보자는 생각이 들어 100만 원으로 투자를 다시 시작하였다. 역시나 수익이었다. 수익난 것을 직장동료와 이야기를 하며 큰돈이 큰돈을 불러올 수 있다는 얘기에 혹하여 투자하다 보니 나의 투자 금액이 나날이 늘어가고 있었다.

3,000만 원이 있어도 흙수저 없어도 흙수저라는 말에 혹해 그래 나도 크게 투자해서 크게 수익을 만들어 보자는 생각으로 하다 보니 나도 모르게 마이너스통장까지 동원하여 2,500만 원이라는 금액까지 투자하고 있었다.

주로 샀던 코인은 단가가 낮아서 많이 살 수 있는 백 원 단위의 코인이나 현재 혹은 이전에 상승률이 높았던 알트코인 위주로 구매를 시작했다. 유튜브를 보면서 차트 공부도 해보려고 했으나 초보 투자자인 나로서는 이해하기도 어려웠고 굳이 차트 공부를 하지 않아도 잘 오르는 종목을 투자하면 수익이거나 기다리면 투자 금액 본전까지는 왔기에 차트 공부의 필요성을 느끼지 못했다.

그땐 몰랐다. 여기가 엄청난 하락장이라는 것을, 가상화폐 가격이 점점 내려가는 것이었다. 나는 신나게 이 가격이면 거저라는 생각으로 하락하는 가격에도 계속 매수를 진행하였다.

그런데 다음날 정신을 차려 보니 마이너스가 1,000만 원을 넘었다. 그때까지도 몰랐다. 조금 있으면 회복할 수 있을 거야, 그런 내 기대감과는 달리 날이 가면 갈수록 더더욱 내려갔다.

-95%, 2,500만 원을 투자하여 남아 있는 돈이라고는 100~200만 원…

보기가 싫었다. 회피하고 싶었다. 나처럼 이렇게 잃은 사람들은 다들 코인 판을 떠났다.

나 또한 떠났다. 나는 도망가 있었다. -95%를 잃고 남은 100만 원. 이걸 빼서 뭐 하겠나 싶어 3년간 최대한 버티기 중이다.

2021년 비트코인이 5,000만 원이 다 돼가는 시점인 지금 다시 로그인을 해봐도 마이너스 88%, 나는 비트코인이 아닌 알트코인에 투자해 버려서 버텨도 소용이 없었다.

위 같은 경우에 먼저 자신이 진행하고 있는 투자 방법이 무엇인지 분석을 해봐야 한다.

투자에서 수익이 나지 않는 사람들은 대개 지금까지 자신의 투자법을 지금까지 한 번도 살펴보지 못한 사람들이 대다수다.

순번	내용	그렇다	아니다
1	블록체인에 대한 기본적인 상식을 모른다.		
2	비트코인에 투자하지 않고, 시가총액이 낮은 알트 코인에 투자한다.		
3	친구와 직장 동료들로 인해 묻지마 투자를 진행한다.		
4	가격이 계속 펌핑 중인 코인들을 사고 싶다.		
5	"주변 사람들에게 이 코인 어때요?"라고 물어본다.		
6	수익보다 손해가 더 많다.		
7	내가 사면 떨어지고, 내가 팔면 올라간다.		
8	내가 투자한 코인이 항상 고점에 위치해 있다.		
9	하락을 즐길 수 있는 멘탈이 부족해서 뉴스에 악재가 뜨면 팔고 싶다.		
10	이동평균선, 볼린저 밴드 등 기술적 분석법을 잘 모르는 상태에서 단타 매매, 초단타 매매를 좋아한다.		

결과표	
그렇다	분석에 대한 진단
6~10개	정한수를 떠서 기도하는 고위험 일개미
3~5개	투자에 대해 기본적인 상식은 있지만 2% 부족한 병정개미
1~3개	투자 잘하는 여왕개미

당신이 개미일까? 개미 찾기 자가 분석표

정한수를 떠서 기도하는 고위험 개미 처방

매우 답이 없는 투자자이다. 병으로 비유하자면 내 머릿속에 지우개가 들어 있는 '치매'라고 할 수 있다.

이런 투자 스타일은 대개 내가 가진 자산 전체를 잃어도 고쳐지지 않는 경우가 많다. 투자 실패가 본인의 투자 스타일에 있음에도 불구하고 외부 환경 탓으로 돌린다. 이런 유형의 투자자는 쓴소리가 기본적으로 탑재되어 있는(?) 강력한 투자 멘토가 필요하다. 스파르타식 교육을 통해 투자 스타일을 획기적으로 변경할 필요가 있다. 따라서 정식으로 등록된 암호화폐 유료 투자회사를 찾고 상담을 받아보자.

투자에 대해 기본적인 상식은 있지만 2% 부족한 개미

이 유형은 투자 멘토가 없어도 자신이 투자 스타일을 바꿀 수 있고 조금만 노력해도 큰 수익을 낼 수 있는 유형이다. 이동평균선, 스토캐스틱 등 기술적 분석법 한 가지는 반드시 배워 1만 원(소액)을 가지고 여러 코인을 마음껏 투자해 보자. 일주일 뒤 수익률을 분석 후 단기 투자와 중장기 투자를 결정하며 기술적 분석법의 정확도를 높이자.

공통적으로 이건 알고 가자

첫 번째 투자 포트폴리오를 개선하자. 시가총액 하위권 코인에 투자 비율이 높다면 시가총액 상위와 비트코인 위주로 투자할 수 있도록 포트폴리오를 바꾸자. 여러 가지 수많은 코인으로 포트폴리오를 짜지 말고 3~5개 정도로 포트폴리오를 구성하자. 아무 코인이나 자꾸 손대서 분주히 수익 낼 생각하지 말자. 여러분 손은 여왕개미가 아닌 이상 똥손에 가깝다. 3~6개월 간격으로 서너 개만 크게 먹는다 생각하자. 아래는 포트폴리오 구성법인데 필자는 비트코인에 비중을 가장 많이 담아두는 것을 선택한다. 유튜브 등 여러 암호화폐 차티스트들은 비트코인을 중점적으로 리딩하기 때문에 리딩에 따라가기가 매우 편하기 때문이다.

또한, 비트코인과 메이저 코인은 차트 기술적 패턴을 정직하게 만들어나가지만, 시가총액이 낮은 코인들은 기술적 패턴 그대로 가지 않는 경우가 허다하다. 그래서 시가총액이 낮은 코인들이 상장 폐지를 많이 당하기도 하는데, 주식은 상장폐지 당하면 주식 용지를 재활용해서 단돈 수십만 원은 벌 수 있지만, 시가총액 1조도 안 되는 코인들은 상장폐지 당하면 그냥 아무짝에도 쓸모없는 인터넷 쓰레기가 된다.

투자 성향	← ← ← ← 공격적 포트폴리오		평균	보수적 포트폴리오 → → → →	
비트코인	0%	20%	50%	80%	95%
시총 상위	30%	50%	40%	15%	5
시총 하위	70%	30%	10%	5%	0
위험도	최상	상	중	하	최하
수익률	최상	상	중상	중상	중
심리 상태	매우 조급함	조급함	보통	느긋함	매우 느긋함
차트 분석	차트 분석력 上	차트 분석력 上	차트 분석력 中	차트 분석력 中下	차트 분석력 下
비고	대다수 투자자가 진행하는 투자법	대다수 투자자가 진행하는 투자법	다수 투자자가 진행하는 투자법	일부 투자자가 진행하는 투자법	소수 투자자가 진행하는 투자법
추천	비추천	비추천	보통	추천	완전 추천

투자 포트폴리오 구성

　두 번째 내 투자 스타일을 명확하게 알아낼 수 있도록 캐시플로우 게임을 진행하자.

　투자를 공부하면 전 세계인이 좋아하는 《삼국지》와도 같은 책 《부자 아빠 가난한 아빠》를 빼놓을 수 없다. 1997년 미국에서 처음 출간된 이래, 전 세계 51개 언어로 109개국에서 출판되어 약 4,000만 부가 팔렸다. "삼국지를 3번 보지 않은 사람과 말도 섞지 말라."라는 말이 있듯이 "이 책을 3번 이상 보지 않은 사람들과는 말도 섞지 말아야 한다."는 말처럼 읽을 때마다 부자가 될 수 있는 삶의 진리를 알 수 있는 서적이라고 표현한다.

이 책의 저자는 자신의 스토리와 투자 방법 등을 십여 권에 걸쳐 책에 담아냈는데, 이 저자가 추천한 게임이 바로 캐시플로우라는 보드게임이다. 책을 보지 않아도 보드게임을 통해서 쉽게 자산에 대한 이해와 나의 성향을 파악할 수 있게 만든 것이 특징이다. 캐시플로우는 말 그대로 자산 흐름인데 나의 자산이 어떻게 들어왔고, 빠져나가고, 어떤 식으로 내가 활용할 수 있는지를 알 수 있는 재무제표 읽는 법, 그리고 게임을 하면서 나의 투자 성향과 다른 플레이어들의 투자 성향을 파악하고 서로 간의 비교를 할 수 있는 자산관리 시뮬레이션을 할 수 있는 보드게임이다.

캐시플로우 보드게임은 약 1시간 반~2시간 정도에 걸쳐서 하는데 직업을 가지고 돈을 벌면서 투자를 하고 자산을 활용하여 지속적인 자산 흐름을 만드는 법을 알려주는데, 여기서 나의 성향이 그대로 드러난다. 급여만 꾸준히 모으는 사람, 공격적인 투자를 하는 사람 또는 소극적인 투자를 하는 사람 등 자신도 알게 모르게 현실에 대입하여 나의 투자 성향이 그대로 드러나게 되는데, 이를 게임이 끝난 후 재무제표를 본다면 확실하게 알 수 있게 된다.

캐시플로우를 진행하는 진행자(딜러)가 전체적인 게임 흐름을 체크하며 재무제표를 가지고 어떤 성향인지 한 번 더 체크해 주기 때문에 투자 성향을 객관적으로 파악할 수 있다. 물론 한두 번 만에 나의 성향이 확실하게 나오지는 않는다. 그리고 보드게임을 하다 보면 나도 모르는 사이에 스스로 투자 스타일을 좀 더 나은 방향으로 고치는 힘이 생기기에 더욱이 캐시플로우를 추천하는 이유이다.

현재 시중에는 영문판을 구매해서 번역하여 쓰거나, 이전에 한글 번역판을 중고로(현재 중고가 50만 원 이상) 구매해서 쓰는데, 이게 너무 아쉬워서 큰 틀은 비슷하지만 안의 내용을 좀 더 한국인에게 쉽게 다가오면서 현재 국내 상황에 맞춰 저렴한 가격에 한국 문화에 맞춘 버전을 개발 중이라고 한다.

출처 https://www.instagram.com/com_cash/ 네이버: 울산 캐시플로우

세 번째 비트코인의 악재로 인하여 투자 심리가 연중 최악으로 치닫는 시기를 주목하고 공격적으로 들어가자. 비트코인은 1년에 2~3회 정도 악재로 퍼드를 유발하여 심한 하락을 주는 경우가 많다. 특히 "비트코인 망했다.", "비트코인 죽었다.", "비트코인 사기다."라는 기사가 나오게 되었을 때가 투자 적기인 셈이다.

" 비트코인이 과연 사기도박일까?

"비트코인은 튤립 버블과 같다.", "비트코인은 폰지 사기다.", "비트코인은 바다이야기 같은 도박"이라는 부류의 말들을 심심치 않게 접해봤을 것이다. 특히 2018년 초 법무부에서 "가상화폐 거래가 사실상 투기, 도박과 비슷한 양상으로 이뤄지고 있으며, 가상화폐가 아니라 가상 징표로 불러야 하며 거래소 폐쇄를 목표로 둔다"며 암호화폐에 강한 부정적인 의사를 내비췄다.

암호화폐 회의론자들은 전통적인 금융 · 실물 자산은 판단 기준이 존재하는데, 비트코인은 없다. 즉 금융 · 실물 자산들은 원천적인 실체가 존재함에도 불구하고 비트코인은 지금까지 나왔던 모든 자산과 빗대어 봤을 때 400년 전 튤립 버블 말고는 가이드라인을 삼을 합리적 기준이 없다는 의견이다.

자산의 분류	
금융 자산	실물 자산
예적금, 주식, 채권, 펀드, 파생상품 등	부동산, 금, 은, 원자재, 예술품 등
자산의 형태가 무형	자산의 형태가 유형

암호화폐를 지지하는 사람들은 이들의 주장에 강하게 반발하지만, 그들도 비트코인이 가지고 있는 가치에 대해서 분명히 딱 부러지게 설명하기는 매우 어렵다. 그래서 필자는 복잡하게 설명하지 않고 필자가 그동안 생각해 왔던 방식으로 간단하게 암호화폐가 가

지고 있는 내재적 가치를 알리고자 한다.

첫 번째, 화폐는 가치 저장 수단이며, 수많은 사람이 화폐라고 인정하면 조개와 담배도 화폐가 된다.

교도소에서 라면과 담배는 기축통화로 쓰이고, 대항해 시대의 카우리 조개는 약 1,000년간 화폐 기능을 했고 19세기 말~20세기 초까지도 통용되었다.

"즉 사람들이 어떠한 물체 혹은 물질을 화폐라고 인정하게 된다면 그것은 화폐가 된다."

현재 암호화폐 보유자는 전 세계 1억 명이다. 즉 암호화폐는 전 세계 1억 명이 화폐로 인정하고 사용하고 있기 때문에 화폐라고 인정할 수밖에 없다.

대항해 시대의 기축통화 카우리 조개(출처: 국립중앙박물관)

두 번째, 금융 선진국의 움직임이 긍정적이다.

미국 · 유럽 · 일본 등 금융 선진국들이 잇따라 암호화폐 시장 육성 정책을 내놓고 있다. 미국과 일본은 2014년부터 암호화폐 관련 법안을 마련하기 시작했으며, 특히 암호화폐에 보수적이었던 유럽은 최근 암호화폐를 금융 상품으로 취급하여 2024년까지 제도권으로 도입시키기 위한 법률 제정을 준비하고 있다. 작은 나라도 아니고 전 세계 금융 패권의 대부분을 장악하고 있는 국가들이 암호화폐 시장을 육성하기 위해 박차를 가하고 있다면, 이건 의미하고 있는 바가 크지 않을까?

세 번째, 보수적 투자로 유명한 기관투자자가 암호화폐를 사고 있다.

1851년 설립된 미국의 생명보험사 매스뮤추얼사는 최근 1억 달러 규모의 비트코인을 매입했다. 필자는 여기서 큰 인사이트를 얻었다. 먼저 매스뮤추얼 생명보험사가 160년 동안 망하지 않고 지금까지 굳건히 유지되고 있는 이유가 무엇일까? 비결은 보수적인 투자를 통해 안전하게 자금을 모았기 때문이라고 생각한다. 배당을 계속해야 하는데 공격적인 투자를 했다가 자칫 배당을 못 하게 되는 상황이 발생된다면 고객의 신뢰를 잃고 그대로 회사가 파산할 수 있기 때문이다.

위 내용을 근거해서 본다면 굉장히 보수적 투자로 유명한 미국 생명보험사가 비트코인에 투자함으로써 비트코인 투자에 대한 부정적 인식이 사라졌고, 향후 엄청나게 큰 기관투자자들의 자금이 유입되는 물꼬를 텃다고 본다.

좀 더 추가하자면 미 생명보험사가 비트코인을 가상 징표, 바다이야기 같은 사기 도박의 존재로 보고 있었다면 당연히 투자를 하지 말아야 한다. 하지만 비트코인에 내재적 가치를 인정하고 받아들였다는 것은 분명히 생각을 해봐야 하는 관점이다. 아직까지 한국은 암호화폐를 사기 도박으로 몰아가고 있는데, 이젠 당당히 금융 자산의 일부로 편입되어야 하지 않을까?

"비트코인 비관론자를 유쾌하게 비판하는 사이트가 있다."

비트코인(BTC) 사망 소식만 집계하는 유쾌한 사이트가 있다. 'Bitcoin Obituaries'의 데이터에 따르면, 비트코인은 2010년 출시 후 금융인, 정치인 등 유명인의 발언을 통해 2021년 1월까지 총 393회 저격당했다. 특히 2017년은 사망 기사가 124회나 기록될 정도로 많았는데 아이러니하게도 그해 최고가를 달성하며 전 세계 이목을 집중시켰다.

이 사이트는 비트코인 비관론자의 말을 393번이나 시원하게 깨부쉈다.

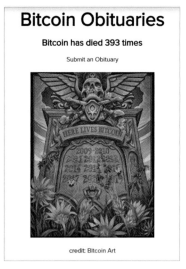

비트코인 사망 횟수(2021년 1월 10일)　　　연도별 사망 횟수

비트코인 사망 기사 집계 사이트(출처: Bitcoin Obituaries)

"비트코인은 사기다!"

미국 최대 금융사 JP모건 최고경영자는 "비트코인 사면 바보, 반드시 대가 치를 것"이라는 비트코인 사기 발언을 했고, 이후 시장은 곤두박질쳤던 일이 있었다. 이후에 어떻게 되었을까? 정말 아이러니 하게도 그는 "비트코인이 사기라는 말을 후회한다."라는 말을 밝혔고, 1년 뒤 JP모건에서 자체적인 암호화폐 JPM코인을 발행하기도 하였다.

위와 같은 사례들이 많이 있는데, 유명인의 발언으로 퍼드성 기사를 퍼트림으로써 시장의 급락을 초래하고 이후 유명인과 부자들이 비트코인을 저점 매수 가능성을 조심스럽게 추측해볼 수 있다. 또한, 암호화폐 공포 · 탐욕 지수가 극단적인 공포가 나오게 된다면 최대한 공격적인 투자를 진행해야 한다.

필요하다면 주 · 야간 아르바이트를 하거나, 식비 · 교통비 · 유흥비, 데이트비를 아껴 현금 확보에 주력하자. 필자는 상승장보다 하락장을 기다렸다. "내 삶의 수저 색깔을 바꿀 수 있는 때는 하락장이다."라는 생각으로 하락장에 내 삶의 모든 것을 바쳐 돈을 벌었다. 작은 기획사를 운영하는 대표지만 자존심을 잠시 내려놓고 주 · 야간 가릴 것 없이 닥치는 대로 아르바이트를 하면서 내 돈을 모았다. 내가 그동안 비싸다는 이유로 사지 못한 코인들을 집중적으로 구매한 것이다.

꼭 자신만의 투자 방식을 만들어야 한다. 1년 중에 크리스마스 산타 랠리와 신년 시즌에 주식과 코인을 투자하는 사람도 있다. 10년 주기로 전 세계적으로 큰 하락 이슈가 나올 때마다 투자하는 사람도 있으며, 기술적 분석을 통해 트레이딩 관점에서 매일 꾸준히 이익을 얻는 사람도 있다.

이런 것들이 자신이 가지고 있는 투자 방식이다. 자신만의 투자 방식을 만들면 충분히 수익을 낼 수 있는데, 암호화폐는 자신만의 확고한 투자 원칙이 없으면 수천만 원의 손실을 보면서 자신만의 투자 원칙이 정해진다. 이 글을 읽고 있는 여러분들도 자신이 투자를 하는 것인지 도박을 하는 것인지 고민하는 시간을 가졌으면 한다.

" 전 세계 정부가 암호화폐를 불법화시킨다고?

정부는 암호화폐를 불법화할까요? 과연 암호화폐를 막으려 할까요?

정부의 규제 혹은 금지를 반대로 생각하면 현재 화폐와 가치 저장 수단으로서 인정받고 있으며 앞으로 다른 화폐들과 경쟁할 수 있는 충분한 화폐라고 볼 수 있다. 만약 비트코인이 기능이 수월하지 않거나 위협적이지 않았다면 정부는 암호화폐에 대해 별다른 카드를 꺼낼 필요가 없기 때문이다.

비트코인은 정부와 국경이 없다. 각국 정부 조직들의 영향에서 벗어나 있고, 전 세계에 노드가 분산되어 있다. 또한, 지구촌에 살고 있는 누구에게나 열려 있고, 누구의 허락받을 필요가 없다. 비트코인의 본질적인 특성들 때문에 앞으로 비트코인은 지구촌 곳곳으로 분산될 것이다. 누구나 사용할 수 있도록 오픈되어 있고 전 세계 어디든지 유통되어도 중앙정부의 허가를 받을 필요가 없다.

"비트코인이 활성화되면 돈을 찍어낼 수 있는 권한을 가지고 있는 정부의 역할이 축소되기 때문에 비트코인을 싫어할 수밖에 없지 않을까요?"라고 질문할 수 있다.

맞다. 정부의 주요 권력 중 하나는 돈이다. 돈을 통해 정치·경제적 방향을 정하는데, 비트코인은 정부의 입장에서 성가신 존재는 사실이다. 비트코인 사용자가 많아질수록 기반 네트워크가 방대해져 정부의 개입이 불가능하도록 기획되었다. 따라서 정부가 비트코인을 금지 시키려 하여도 사용자가 전 세계 곳곳에 있기 때문에 거의 불가능에 가깝다는 얘기다.

코로나를 예로 들어보자. 코로나는 전 세계 구석구석에 확진자 1억 명이 발생하였고 걷잡을 수 없이 많은 사람이 병을 옮기고 다니기 때문에 인간이 코로나를 정복하기 위해 백신을 만들어도 매년 특정 시기가 되면 사람들 사이에 발생하는 풍토병으로 변하기 때문에 막을 수 없다.

비트코인도 마찬가지다. 암호화폐 사용 인구가 2억 명이나 되고 세계 곳곳에 흩어져 있는데 정부에서 어떻게 규제를 통해 막아낼 것일까?

비트코인처럼 무게도 없고 보이지도 않는 전 세계적으로 통용되는 암호화폐를 어떻게 막아낼 것인가? 만약 막아낸다면 화폐 기관의 금융 시스템이 실패 사인을 보내는 것이 될 수밖에 없다. 프로토스 모든 병력을 테란 본진으로 공격했는데, 그 공격이 실패하면 역으로 위험해지는 것과 같은 이치다.

전 세계에서 이산화탄소 배출에 대한 심각성을 알고 있어도 전 세계가 막지 못하는데, 전 세계 모든 정부가 다 같이 암호화폐를 금지 시킬 수 있을까? 비트코인의 흐름은 그 누구도 막지 못하니 정부발 규제가 진행되면 저점 매수를 통해 비트코인의 추가 상승을 지켜보도록 하자.

66 파생상품은 무조건 기회비용으로 하자.

대부분의 금융 파생상품에는 레버리지를 사용한 마진 거래가 있는데 암호화폐도 마진 거래가 존재한다.

마진 거래에 대해서 모르는 독자들을 위해 용어를 설명하면 일종의 남의 돈을 끌어다 돈을 버는 것이다. 내 수중에는 돈이 1만 원밖에 없어서 마진 거래 사이트에서 4만 원을 빌려 실제로 5만 원으로 투자하는 방식이다. 이후 청산을 진행할 때 마진 거래 사이트에 얼마의 수수료와 함께 빌린 돈을 갚기만 하면 된다. 따라서 투자금이 없는 사람들에게는 매우 효율적인 투자법으로 보이지만 단점이 존재한다.

시장에 큰 변동성이 생겨 가격이 떨어지게 된다면 마진 거래 사이트에 있던 여러분의 시드머니는 즉시 청산되어 허공으로 사라진다. "마진은 절대 환불이 될 수 없다."

배율	1% 상승했을 때	1% 하락했을 때	청산되는 가격
2배	2% 상승	2% 하락	-50% 청산
5배	5% 상승	-5% 하락	-20% 청산
10배	10% 상승	-10% 하락	-10% 청산
20배	20% 상승	-20% 하락	-5% 청산
50배	50% 상승	-50% 하락	-2% 청산

마진 수익 및 청산 예시

레버리지를 사용한 마진 거래는 여러분이 가지고 있는 적은 현금으로 충분히 큰돈으로 투자한 효과를 낼 수 있으며, 성공하면 큰 이익을 얻을 수 있다. 하지만 반대로 실패하면 큰 멘탈 붕괴와 회복할 수 없는 타격을 입을 수 있기 때문에 매우 조심해야 한다.

"마진은 인간이 가진 최악의 본성을 일깨워 주며, 나락으로 빠질 수 있게 도와주는 최적화된 도구다."

항상 명심하고 마진 투자에 임해야 한다. 필자는 항상 마진을 진행할 때 아래 원칙을 확실히 지킨다.

마진 투자 철칙

- 큰돈으로 투자하면 돈을 벌지 못한다.
- 반드시 저배율로 마진 투자를 진행하자.
- 투자 금액이 소액이라도 반드시 분할하여 투자한다.
- 좋은 꿈을 꾸자. 꿈자리가 좋지 못하면 마진을 하면 안 된다.
- 이 돈은 버리는 돈이고 내일 사라져도 문제가 없다고 생각하자.

- 기회비용으로 투자하자. 커피, 술값 아낀 돈으로 진행해야 청산 당해도 돈에 복수하지 않는다.
- 기회비용이 없다면 총 현물 투자 금액의 3~5% 비율로 무조건 운용하자.
- 1층까지 떨어졌으니 안심하고 투자하지 말자. 지하 2층까지 떨어질 여지는 충분하다.
- 마진으로 절대 단타 치지 말자. 포지션이 주는 수익은 무시 못 한다.
- 마진은 나락으로 빠질 수 있게 도와주는 최적화된 도구라는 것을 항상 명심한다.
- 교차는 큰 리스크를 동반하기 때문에 무조건 격리로 진행한다.
- 하락장에서 좋은 자리를 잡았다면 그대로 쭉 가지고 가고, 청산을 금처럼 하자.
- 수익률보다 안전이 최우선이다. 청산 당하면 뚝배기가 깨질 수 있으니 무조건 안전하게 하자.

66 어느 시점에 마진 투자를 진행해야 할까요?

필자는 비트코인을 롱(상승) 위주로 투자한다. 롱의 관점에서 보면 비트코인은 1년에 두 번 내외로 수십 퍼센트의 큰 하락을 선사해 준다. 따라서 마진 투자로 큰 수익을 얻는 최적의 시기는 1년에 2~3회이다. 이 시기를 잘 잡으면 여러분은 큰 이익을 얻을 수 있다. 필자도 기회비용을 모아 마진 투자를 진행하였고 운이 좋게도 1,000%, 900%, 400%의 수익들을 발생시켰다. 기회를 잡는 방법은 간단하다.

마진 투자 롱 포지션을 선점하기 좋은 최적의 시점

- 매년 1~2회 발생하는 비트코인 대하락 시점
- 하락으로 패닉셀이 오거나 커피출레이션이 와서 투자 심리가 바닥을 찍을 때
- "비트코인은 죽었다.", "비트코인 망했다." 등 터무니없는 기사가 나돌 때
- 시장에 많은 사람들이 불안해 하고 투자 공포감이 극에 달했을 때
- 여러 코인 관련 커뮤니티 사이트, 카카오톡 오픈 채팅방에서 투자자들의 곡소리가 극에 달할 때
- 하락으로 인해 본인의 감정이 우울하고 투자에 대해 현자 타임이 비로소 올 때
- alternative 비트코인 공포 탐욕 지수에서 극단적 공포가 일어날 때
- 암호화폐 유튜버들이 방송하는 댓글 창에 공포감이 묻어나올 때

투자 공포가 극에 달했던 시점(출처: 트레이딩뷰)

〝 30만 원으로 1,000만 원을 만들 수 있을까요?

우리에게 1,000만 원은 큰돈이라는 상징적 인식의 시작점이다. 1년 등록금과도 맞먹는 돈이고, 경차 한 대를 구매할 수 있는 가격이다. 1,000만 원 수익을 달성했다는 것은 투자를 잘한다는 시작점이기도 하다. 초보 투자자들은 먼저 1,000만 원을 목표로 잡고 투자를 진행하면서 목표 수익이 달성되면 관상용으로 기념사진을 찍어 박제하기도 한다.

"선택은 수익과 손해에 비례한다."

암호화폐는 전 세계 모든 투자 상품 중에 투자 변동성이 큰 편에 속한다. 따라서 레버리지를 이용한 암호화폐 마진은 앞으로 다시 볼 수 없는 기회와 위험을 동시에 수반하고 있다. 하루에도 수십, 수백 퍼센트의 변동성이 있는 암호화폐 시장은 여러분의 의지와 상관없이 좋거나 나쁘거나 투자 세계를 졸업시켜 줄 수 있는 것이다.

"마진 거래는 나락으로 빠질 수 있게 도와준다고 했는데 그럼 하지 않아야 하는 게 아닌가요?"

여러분이 이런 생각을 했다면 매우 좋다. 그 마음 꼭 가지고 가야 한다.

하지만 마진 거래가 나쁜 것만은 아니다. 대마초도 어떤 이에게는 중독이 심한 '마약'일 수 있고 어떤 이에게는 병을 고치는 '약'이 될 수 있듯이 투자금이 없는 20・30세대들에게는 잘만 활용하면 필요한 투자 방법이다.

마진 거래하기 좋은 사람들의 유형

- 투자에 변덕이 없고 인내심이 강하다.
- 기회비용을 열심히 모으고 있다.
- 말뚝귀라서 남의 말에 잘 넘어가지 않는다.
- 돈을 벌어도 허투루 쓰지 않는다.
- 투자금이 없어서 소액으로 마진한다.
- 투자에 욕심이 없어서 고배율로 올리지 않는다.
- 얼마 전 꾸었던 꿈이 좋고, 올해 운세가 매우 좋다.

운세와 꿈에 대해서 언급한 것이 의아해 보일 수 있다. 하지만 투자에 미신이 매우 중요하다. 필자는 유명인, 똥, 물고기, 돼지 등 금전 복에 관련된 꿈을 여러 번 꾸었고, 꿈을 믿고 마진 거래를 진행하였는데 대박이 났다. 그뿐만 아니라 로또에 당첨된 사람들은 좋은 꿈을 꾸고 당첨된 사람들이 많다. 세상에는 과학으로 증명할 수 없는 것들이 매우 많다. 과학적으로 증명되지 않았지만 실제로 일어난 비과학적인 일들은 어떻게 받아들여야 하나? 필자는 음모론, 예언, 비과학적인 일들에 대해 많은 상상을 한다.

암호화폐의 시작점도 음모론적인 상상력에서 기인한다. 사토시 나카모토라는 신원 미상의 인물이 비트코인을 개발했는데 전 세계 1억 명의 인구가 열광하고 있다. 만화보다 더 만화 같은 얘기가 실제로 벌어지고 있는 것이다.

비트코인도 마찬가지다. 비트코인이 엄청난 악재로 인해 무지막지한 하락을 보여주었고 비트코인이 망했다는 소리가 여기저기에서 파다하게 퍼져 시장에 많은 사람이 떠나자, 그 후 드라마 같은 호재를 만들어 비트코인 가격을 극적으로 끌어올린 사례가 여러 번 있다. 대게 암호화폐를 투자하는 투자자들은 이런 점에 기인하여 음모론을 믿는 것이다. 따라서 마진도 음모론적인 관점에서 이해해야 한다.

시장이 완전히 망할 것 같은 분위기, 그로 인해 커피출레이션이 발생하여 투자자들이 암호화폐 투자를 포기하고 전부 떠나가는 시점, 그 시점이 투자의 맥 자리다. 그래서 투자의 맥 자리에서 마진을 진행한다면 여러 번 청산 당할 수 있다는 생각을 가지며 철저히 소액으로 진행하자.

"에이, 푼돈으로 어떻게 큰돈을 만들어요?"

돈이 수익을 주는 것이 아니라 내가 선점한 포지션이 수익을 주는 것이다. 좋은 포지션을 선점한다면 복리가 발생하게 되어 큰 수익을 얻을 수 있다.

다음 차트를 참고하여 투자 공포가 극에 달했던 상황에서 마진 투자를 진행한다고 가정하자. 코인 수, 펀딩비, 수수료 등 제외하고 단순하게 식으로 나열하면 다음과 같다.

투자금	배율	380% 상승	500% 상승
30만 원	2배율	380 x 2배 = 760%	500 x 2배 = 1,000%
		수익: 2,580,000원	3,300,000원
	4배율	380 x 4배 = 1,521%	500 x 4배 = 2,000%
		4,863,000원	6,300,000원
	6배율	380 x 6배 = 2,280%	500 x 6배 = 3,000%
		7,140,000원	9,300,000원
	8배율	380 x 8배 = 3,040%	500 x 8배 = 4,000%
		9,420,000원	12,300,000원
	10배율	380 x 10배 = 3,800%	500 x 10배 = 5,000%
		11,700,000원	15,300,000원

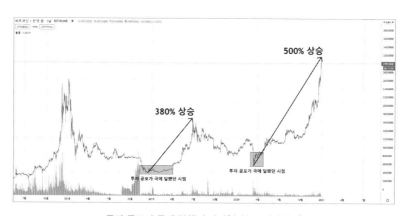

투자 공포가 극에 달했던 시점(출처: 트레이딩뷰)

" 150만 원으로 1억 원을 만들었습니다.

표에 있는 수치에 놀랐다면 대개 이런 생각을 한다.

"정말 이게 가능한가요? 불가능한 얘기를 하는 것 같아요!"

기회가 많이 찾아오지 않을 뿐 전혀 불가능하지 않다. 필자는 마진 거래로 150만 원으로 1,000만 원의 수익을 올리고, 3개월 만에 1,000만 원으로 1억 3,000만 원의 수익을 올렸다. 사람들은 이렇게 질문할 수 있다.

필자가 150만 원으로 수익을 냈던 1억 원

"1,000만 원으로 3개월 만에 1억 3,000만 원 수익을 올렸다면 너무 위험한 것 아닌가요?"

맞는 말이다. 벤저민 그레이엄의 투자 격언 중에 "안전 마진이 확보되는 주식을 사라."라는 말이 있듯이 시드머니가 없어지면 투자를 할 수 없어서 내가 가지고 있는 시드머니가 청산될 가능성을 낮추는 것이 매우 중요하다.

하지만 필자의 시드머니 원천은 무한하다. 마진에 투자하는 시드머니들은 밥값, 술값을 아낀 기회비용을 모아서 진행하므로 고배율로 리스크가 큰 마진을 진행해도 큰 걱정이 없었다. 만약 청산 당하면 다시 자린고비로 돌아가 밥값, 술값, 택시비를 아껴 투자를 진행하면 되기 때문이다. 마진 투자 원칙은 철저하게 지켰다. 마진 투자 성공의 짜릿함을 느껴 보니 자연스럽게 삶에 변화가 생겼다. 술을 먹는 횟수가 줄어들고 택시비를 아껴 걸어다니게 되었다. 비싼 인스턴트 음식을 사 먹기엔 돈이 너무 아까워 집에서 도시락을 싸서 먹거나 간헐적 단식을 하였다. 기회비용을 마련하는 과정은 즐겁다. 내가 아낀 돈 1만 원이 마진 세계에서 큰돈으로 돌아오기 때문에, 필자는 건강한 마진 투자 방법이라고 말할 수 있다.

레버리지를 활용한 마진 투자 철칙

- 밥·술·교통비·기타 기회비용을 모아 투자한다.
- 차트를 모른다면 검증된 차트 리딩 커뮤니티를 찾아 공부하자.
- 비트코인을 중심으로 진행하되 시가총액 1조 이상 되는 메이저 알트코인은 일부 진행한다.
- 철저히 분할로 진행하며 청산되는 가격 자리에 매수 걸어둔다.
- 마진 투자 성공 시 수익금의 90~95%는 암호화폐 거래소로 옮겨 현물 투자로 전환한다.
- 마진 투자 실패 시 밥·술·교통비·기타 기회비용을 모아 투자 기회를 다시 노린다.
- 청산 당한 것을 복수하기 위해 더 많은 금액을 투자하지 말자. 복수는 복수를 낳는다.

만약 매우 좋은 롱 포지션을 선점하여 큰 수익을 내고 싶다면 리스크를 줄이기 위해 소액으로 진행하는 것을 추천한다. 코로나 팬데믹 등 투자 공포가 극에 달하는 시점이 포지션 선점을 위한 천재일우의 기회가 되니 여러 번 청산 당할 수 있다는 각오를 다지고 진행하자.

	리스크	공략법	투자금	진입 빈도
초고배율	70%	팬더믹 등 역대급 투자 공포가 일어날 때 ※ 10회 청산 생각하고 추세선 마디가 진입	10 ~20만	연 1회
고배율	50%	오랜 하락 횡보 이후 상승 직전 상황일 때	총금액 0.5%	분기별 1회
저배율	10%	비트가 안정적일 때	총금액 5%	월 1회

※ 최후의 물타기: 청산 당하는 가장 하단 숫자에 추가 금액 투자

롱 포지션 선점 비결

청산은 심근경색처럼 24시간 언제나 불현듯 다가온다. 우리가 잠을 자는 새벽에 비트코인이 갑자기 급락하여 패닉 셀이 올 수 있고 잠시 컴퓨터 게임을 하고 있다가 청산 당할 수 있다. 24시간 컴퓨터와 스마트폰으로 흐름을 본다면 가능하지만, 우리에겐 학업과 직장이 있기 때문에 마진 투자에 내 삶을 종속당하지 말자. 만약 여러분이 100만 원으로도 충분히 200만 원을 만들 수 있다는 자신감과 확신이 생겨 일에 지장이 생길 정도라면 그 자리에서 멈춰야 한다. 마진 투자는 삶의 일부이지 내 삶의 전체를 바쳐 투자해야 할 만큼의

투자 가치가 없다. 암호화폐 시장은 24시간 365일 매일 열려 있기에 언제나 돈을 벌 수 있다. 우리 세대는 앞으로 평생 투자를 해야 하니 조급한 마음을 가지지 말자.

PART

4

"

아싸! 대박 났다!!

생애처음 비트코인

아싸! 대박 났다!!

9개월 만에 10억 벌었다.

코로나로 인해 외출이 자유롭지 못했던 시절. 여러 축제 콘텐츠가 사라져 수익에 큰 타격을 입을 당시 필자는 9개월간 하루에 서너 시간 쪽잠을 청하며 하드 트레이딩을 진행했다. 낮에는 기획 업무를 진행하고 밤이 되면 해 뜨기 전까지 매일 차트와 싸웠다. 그리고 기회비용을 아껴 꾸준히 1~2만 원씩 투자하는 것도 잊지 않았다.

암호화폐 투자성과 공유합니다.

필자는 2017년부터 암호화폐를 시작했으나 쓰디쓴 하락을 통해 투자 방식을 바꿔 아래와 같이 포트폴리오를 구성하여 성과를 냈다.

	포트폴리오 구성	포트폴리오 구성	수익률
현물	기존 투자금 950만(36.6%) 2018년 하락장과 함께했던 투자금	2억 1천 메이저알트 위주 트레이딩 진행	2210%
현물	비트코인 1,750만(57.7%) 매일 기회비용을 아껴 약 3년간 거의 매일 1만 원~2만 원 비트코인 구매	1억	515%
마진	비트코인 150만(5.7%) ※ 기회비용을 아낀 돈을 통해 투자 진행	7억 2천 청산 후 수익금 10% 재투자 방식 진행	48,000%
총합	2,600만	10억 3천만	3,961%

보유금액현황 (BTC) 👁

9.71815481

≈ 178519.49USD

1계정

내 보유자산   KRW 환산 추정값 ⑦

보유KRW   총 보유자산
57,417,675   147,086,184

총매수   46,118,665   평가손익   43,549,845
총평가   89,668,509   수익률   94.43%

2계정

지갑 개요   ⊘ 잔고 숨기기

예상 잔고
5.45041800 BTC ≈ ₩289,668,453.44

3계정

총 중거금 잔고   ⊘ 잔고 숨기기
5.66519594 BTC ≈ $265,266.34

총 지갑 잔고
1.49484084 BTC ≈ $69,994.22

4계정

롱포지션			
포지션 수량	시작가	미실현손익	강제청산가격
13.091	11148.7	104096.82 (1069.87%)	11282.5

롱포지션			
포지션 수량	시작가	미실현손익	강제청산가격
626.9	53.55	47966.52(857.19%)	47.40

레버리지 수익

비트코인 (BTC)	평가손익	90,564,699
	수익률	515.25%
2.07985398 **BTC** 보유수량	8,451,000 **KRW** 매수평균가	
109,109,140 **KRW** 평가금액	17,576,846 **KRW** 매수금액	

3년간 1~2만 원 매일 구매

3년간 매일 기회비용을 아껴 비트코인에 1만 원씩 투자한 뒤 나온 수익이 약 5,000만 원가량 되었고, 암호화폐 단기 트레이딩을 통해 벌었던 수익이 3,000만 원, 밥값 술값을 아껴 모았던 기회비용을 마진 투자로 진행했고 이를 통해 벌었던 비용이 1억 9,000만 원.

총합 2억 5,000만 원의 돈이 생겼다! 기회비용으로 이만큼 큰 수익이 났다는 것이 나에겐 엄청난 행운이자 꾸준함의 승리였다.

특히 얼마 전까지만 해도 150만 원이었던 돈이 두 달 만에 1억 원이 되니 전혀 믿어지지 않아서 마진 거래소에서 암호화폐 거래소로 1억 원을 옮겨 보았다.

마진 거래소 출금 정책으로 인해 암호화폐 거래소로 옮기는 데 걸리는 시간 총 5시간. 5시간 동안 머릿속에는 많은 생각이 들었다. "와… 이게 진짜 내 돈 맞아?", "아이고, 내가 진짜 1억을 버는 건가?"등 어릴 적 생애 첫 내 컴퓨터를 받기 위해 며칠 동안 기다렸던 기분처럼 엄청난 흥분과 기대감에 넘쳤다.

새벽 1시 50분… 내 손에 1억 원이 들어 왔던 그 기분은 지금도 잊지 못한다. 그동안 돈 때문에 겪었던 힘들었던 일들이 한 방에 위로되는 기분이었다.

9월 5일 155만 원 출금   11월 26일 1억 원 입금

돈이 입금되니 잠이 오지 않았다. 아니 잠을 자면 안 될 것만 같았다.

필자는 10만 원을 인출하여 혼자 동네 조용한 술집으로 갔다. 내 돈이 정말 맞는지 확인하기 위해서 술과 안주를 시켰다. 술을 한잔 따르니 그동안 돈 때문에 겪은 힘들었던 기억들이 계속 떠올랐다. 난 그 여러 기억을 되새기며 혼자서 조용히 눈물을 흘렸다. 돈의 올 가미에 잡혀 살다가 지금 막 탈출한 기분, 이제 자유의 몸이 된 것 같은 기분들… 내가 이때까지 가졌던 술자리 중에 지금도 그때를 잊지 못한다.

"나에게 2020년은 기적이었다!"

2020년, 코로나 펜데믹으로 인해 우리는 살면서 한 번도 겪어보지 못한 코로나 시대를 맞이하고 있다. 거리에 사람이 텅 비었고, 축제가 사라졌으며, 여기저기 망하는 가게가 속출하고 있다. 세계 경제도 대공황 이후 최악의 타격을 입고 있다. 미국 SF 재난 영화에서나 볼 법한 일들이 실제로 일어나고 있는 것이다.

하지만 필자에게 2020년은 기적의 한 해였다. 내 삶의 올가미였던 대출금과 여러 가지 돈으로 인해 힘들었던 일들이 암호화폐로 한 방에 졸업하게 된 것이다.

필자는 이제 갑질당해도 멍청한 바보같이 그저 웃어넘겼던 상황을 이제 더는 하지 않아도 된다. 아니, 이제는 갑질당했을 때 맞서 싸울 힘을 얻게 되었다. 정의롭지 못한 일들에서 벗어나 내 기획자로서 자존심을 지킬 수 있게 되었다. 앞으로 내 목구멍까지 올라와도 절대 못 했던 말들을 속 시원하게 할 수 있는 그날이 올 수 있게 되어 기대된다.

『 내가 돈을 버는 이유

"작가님은 왜 부자가 되고 싶나요?"

사람들은 그저 부자가 되려 하지, 정작 왜 부자가 되고 싶은지에 대한 생각을 가진 이가 많이 없다. '1억 버킷리스트'에 적었던 내용들도 내가 가진 목적 중의 하나지만, 궁극적인 목적은 난 오래 살고 싶기 때문에 부자가 되고 싶은 것이다.

"돈이 많은 이건희 회장님도 돌아가셨는데 작가님이라고 죽지 않을까요?"

비록 고 이건희 회장님은 고인이 되셨지만, 그분은 살아계신다. 호랑이는 죽어서 가죽을 남기고 사람은 죽어서 이름을 남긴다는 말처럼 사람은 이름이 사라지면 비로소 죽게 되는 것이다. 이건희 회장님은 정주영 회장님과 함께 지금 우리 시대 역사책에 길이 남아

계실 것이기 때문에 그분은 돌아가셨다고 생각하지 않는다.

이 점이 첫 번째 목표다.

"지구촌에 태어났는데 내 이름 석 자를 작은 비석 말고 사람들의 마음속에 남기고 싶다."

필자가 죽더라도 내가 이룩해 놓은 어떤 업적으로 인해 내 이름이 그 시대에서 빛나고 싶은 것이다. 그 롤모델로서 "어린이날 창시자 방정환 선생님"을 꼽고 싶다. 우리나라 최초의 문화기획자였던 방정환 선생님은 젊은 나이에 돌아가셨지만, 그가 만든 어린이날은 대한민국 어린이들이 손꼽아 기다리는 날이기도 하다.

두 번째 목표는 생물학적으로 죽기 싫다. 최대한 영생을 누리고 싶다. 만약 죽더라도 젊은 모습 그대로 죽는 게 내 목표다.

허무맹랑한 소리일지 모르나 필자는 레이 커즈와일(Ray Kuzweil)의 미래 기술의 신봉자 중 한 명이다.

커즈와일은 광학 문자 인식(OCR)과 음성 인식, 텍스트 음성 변환(TTS) 개발 등 다양한 첨단기술 분야 발달에 공을 세웠다. 커즈와일 신디사이저라는 회사를 만들어 디지털 신디사이저 산업을 이끌었다. 1987년도에 버클리 음악대학에서 명예박사 학위를 받았다. 커즈와일은 21개 대학교에서 명예박사 학위를 받았으며 PBS 선정 '미국을 만든 혁명가' 16인 중 1인으로 뽑혔다. '인류 최고의 발명가'이다.

그는 "앞으로 죽음이 매우 희귀한 시대가 올 것이다."라는 유명한 예언을 했다.

커즈와일은 자신이 예측했던 것들을 찾고 분석했는데, 147개의 예측 중에 126개가 실현되어 30년간 미래 예측에서 86%의 적중률을 보인 미래학자이기도 하다. 따라서 죽음을 치료할 수 있다는 그의 말은 전혀 농담도 가십거리도 아니고 86%의 확률 높은 기술적 진보된 예언이다.

또한, 그는 지금까지 평판 스캐너, 디지털 신시사이저 등 39개의 특허를 냈고 창업을 일곱 번이나 진행하며 엄청난 재산을 모았다. 그럼에도 불구하고 64세 나이에 2012년 12월 구글에 임원으로 입사해 화제가 된 적이 있었다. 일생에 단 한 번도 회사에 다니지 않았던 그가 왜 고령에 구글에 입사해 스스로 올가미에 묶였을까?

필자의 생각으론 불멸의 삶에 빠르게 도달하기 위해서는 자신이 창업을 하는 것보다 구글이라는 초거대 기업이 효율적이지 않았을까?

커즈와일의 예언대로 영생을 누릴 수 있는 기법이 탄생한다면 맨 처음 혜택을 받는 사람들은 부자가 될 것이고, 가난한 사람들에게까지 대중화가 되려면 기간은 20년은 족히 걸릴 것이다.

필자는 60대가 되어 있을 시기인데 부자가 되어 빠르게 혜택을 받고 제2의 인생을 다시 살아보고 싶은 것이 현재 목표다.

"죽지 않는 삶? 하하 아니 그거 허무맹랑한 소리 아니에요?"라고 말할 수 있을 것 같다. 하지만 50년 전에는 스마트폰이 대중화되어 영상통화와 함께 전 세계 소식을 한눈에 받아볼 것이라는 상상을 누가 했을 것이고, 드론 택시가 생긴다는 상상을 누가 했을까? 또한, 코로나 팬데믹 사태로 전 세계 사람들이 집안에 묶여 조용한 연말을 보낸 것을 누가 상상했을까?

PART 4 아싸! 대박 났다!!

"한 번도 해본 적 없던 일을 하지 못한다고 착각하면 안 된다. 부자들은 해본 적 없던 일이지만 미래 가능성을 보고 실행에 옮기는 사람들이다."

레이 커즈와일의 현재 나이는 72세, 노화와 싸우고 있는 그의 투쟁은 경이롭다.

매년 11억 원을 영양제 구입에 쓰고, 매일 먹어야 할 복용량을 확인하고 전해 주는 영양제 전문가까지 있으니 말이다. 덕분에 그는 실제로 생물학적 나이는 40대 후반이라는 검사 결과가 나왔으니 절대 웃을 수 없는 일이 되었다. 아니 조롱한다면 많은 패배자 중 한 명으로 역사책에 이름 없이 적힐지도 모른다.

그의 목표는 2045년까지 생존해 있는 것이다. 그때가 되면 유전공학의 발달로 인해 노화에서 벗어날 수 있는 특이점이 온다고 예측하기 때문이다. 2000년 전 진시황제 이후 노화와 싸우고 있는 역사상 두 번째 도전자 레이 커즈와일, 한 남자의 도전을 지구 반대편에서 응원한다.

66 투자할 때 나에게 도움 되는 멘탈 관리 팁

첫째, 나는 투자에 성공할 수 있다.

대다수 사람은 암호화폐의 존재 가치에 믿음이 없다. 항상 믿음이 부족하기에 투자 손실이 일어났을 때 과연 나 자신이 큰 이익을 얻을 수 있을까 하는 확신이 없는 경우가 많다. 암호화폐 세계에 심한 악재로 손실이 나고 있더라도, 암호화폐의 존재 가치를 믿고 포기하지 않고 다시 일어서자. 나 자신의 스킬이 부족하여 투자에 실수가 잦아도 다시 꾸준히 할 수 있다는 마음가짐으로 열심히 부딪히면 나의 투자 멘탈 성장에 큰 도움이 된다. 아무리 고장난 시계라도 하루에 두 번은 맞는다. 암호화폐에 믿음이 있는 사람과 그렇지 않은 사람은 어려움에 부딪혔을 때 그 마음가짐 자체가 다르다.

둘째, 남과 비교하지 않는다.

자린고비 투자를 하다 보면 주변에 수익률이 높은 투자자들과 비교를 통해 본인이 가지고 있는 투자관을 스스로 낮추거나 부정하는 경우가 종종 있다. 남과 비교하며 투자하지 말자. 비교는 나 자신이 비참해지거나, 교만해질 뿐이다. 비교는 과거의 나와 비교를 하자. 남들과 비교했을 때 보잘것없다고 느껴져도 내가 가지고 있는 확신을 가진다면 1억 버킷리스트에 적었던 내용들을 기어코 이룰 수 있다. 투자를 시작하기 전의 마음과 투자를 시작한 후의 마음을 비교해 보거나 10년 전의 나와 비교하며 성장한 나 자신이 어떤가를 알자.

셋째, 투자는 토끼가 아니다. 거북이가 되자.

투자는 꾸준히 해야 하는데 자린고비로 큰 수익을 벌 수 있다는 믿음이 없으면 꾸준한 투자를 유지하기 쉽지 않다. 암호화폐가 언제 나에게 큰돈을 쥐여줄 수 있을지 모르는 상황에, 매일 3만 원씩 통장에서 암호화폐 거래소에 들어가 돈을 모으는 것도 매우 귀찮다. 무술을 한 번도 안 해본 사람이 무술 고수처럼 흉내 낼 수 없다. 차분히 믿음을 가지고 기본기를 다져 나간다면 무술 고수가 되어 천하를 호령할 수 있다. 자린고비 투자에서도 기본이 매우 중요하다. 꾸준히 기본을 지키며 기회비용을 아껴 투자에 임한다면 언젠가 나의 선택이 틀리지 않았음을 알 수 있다.

암호화폐를 하는 투자자들이 많이 모여 있는 커뮤니티 사이트에 있으면 더욱 자린고비 투자법의 확고한 확신이 필요하다. 남들이 빠르게 벌었던 부를 부러워하지 말자. 토끼를 부러워하지 말자. 거북이가 되어 언젠가 이 세상의 주인공이 될 것이라는 확신을 가지고 투자에 임하자.

넷째, 흔히 하는 여러분들의 착각!

"비트코인이 크게 올랐으니 다른 모든 코인들도 크게 오르겠지?" 착각하지 마라. 시가총액 상위권의 코인들 중에서 큰 상승을 코인들은 다 숨어 있는 호재가 있거나 회사가 돈이 많은 이유가 있기 때문에 많이 오른다. 그래서 좋은 코인은 상승률은 높고 조정은 적다. 적게 오르는 코인들은 숨겨진 악재 등 적게 오르는 이유가 있어서 적게 오르는 것이다. 적게 오른 코인들도 상승은 하는데, 상승 후 조정이 상승보다 더 심하게 나타난다.

따라서 시가총액 상위권의 알트코인이 아직 적게 올랐으니 더 오를 거라 착각하고 탑승했다간 여러분의 계좌는 녹아 버린다.

다섯째, 고점 매수로 캔들의 실밥이 되지 마라.

고점 매수로 캔들의 실밥이 되지 말자. 고점이 언제라고 묻는다면 간단하다. 내 비중이 전혀 들어 있지 않은데 코인 가격은 막 올라가니 심리적으로 나만 두고 버스가 떠나는 느낌이 들 때가 있다.

그때 구매하면 안 된다. 마음 편하게 쉬고 다음 랠리를 기다리거나 조정이 올 때 들어가야 한다.

"모든 투자 자산은 언젠가 오르고 언젠가 떨어진다."

내가 가지고 있는 코인이 올랐다면 떨어질 때도 있는 것이다. 세상의 당연한 이치가 있는데 천정부지로 오르긴 힘들다. 만약 코인이 천정부지로 올랐다면 극심한 조정이 올 거라고 예상해야 한다. 누누이 말하지만 바로 이럴 때 고점 캔들의 실밥이 된다.

여섯째, 다른 코인에 바람나지 마라. 바람은 죄악이다.

내가 가진 A 코인이 안 오르고 평소에 호감을 느끼고 지켜봤던 B 코인이 상승하고 있으니 B 코인과 사랑에 빠지고 싶어진다. 그래서 A 코인을 잠시 버리고 B 코인에 탑승하게 되면 언젠가 후회한다. 여러분이 B 코인에 탑승하고 얼마 안 된 시점부터 B 코인이 상승하기 시작할 것이기 때문이다.

여기서 정말 답이 없는 사람은 A 코인을 버리고 B 코인에 탑승했는데 A 코인이 오르자 타고 있던 B 코인을 버리고 다시 A 코인으로 갈아타는 것이다. 이건 여러분의 계좌를 녹이는 짓이다. 실력 없다면 일편단심으로 쭉 가라.

일곱째, 자기 자신만의 멘탈 관리 방법을 찾자.

심한 조정은 여러분의 멘탈에 큰 타격을 입게 된다. 조정 기간에는 매일 우울할 것이고 하는 일도 잘 풀리지 않을 것이다. 필자도 멘탈이 타격을 입는 때가 있다. 그때마다 한 손에 소주병을 들고 에어팟을 끼고 힘들 때 듣는 음악을 플레이한다. 음악이 나오면 따라 부르며 울다가 웃기도 하며 하늘을 향해 "나는 성공할 수 있다! 나를 꺾어 봐라. 덤벼라 하늘 XXX들아!!"하며 큰소리로 일갈한다. 한 번 갔다 오면 속이 시원해진다. 돈이 들지 않는 나만의 자린고비식 일탈이다.

제목	아티스트
넌 할 수 있어	강산에
거꾸로 강을 거슬러 오르는 저 힘찬 연어들처럼	강산에
사노라면	김장훈
한숨	이하이
슈퍼스타	이한철
질풍가도	유정석
시작	가호
돌덩이	하현우
돌멩이	마시따 밴드
걱정말아요 그대	이적
거위의 꿈	인순이
말하는 대로	윤성기, 조재일
산다는건 다 그런게 아니겠니	여행스케치
더 높은 곳을 향해	봄여름가을겨울
너라면 돼	고한우
꿈따리 샤바라	아이유

필자가 힘들 때 듣는 음악 플레이 리스트

" 드디어 빚을 갚았다.

　3년간의 노력이 현실로 다가왔다.

　빚을 갚는 오늘을 특별하게 보내기 위해 그날 하루 일정을 다 비웠다. 뭔가 홀가분한 마음을 가지기 위해 목욕탕에 가서 깨끗이 목욕을 하고 난 뒤에 출발했다. 차를 몰까 생각도 했지만 자전거를 타기로 했다. 자린고비 투자할 재원도 만들고 그동안 빚 때문에 가졌던 힘든 고통을 떠올려보기 위해서다. 자전거를 타고 태화 강변을 달리니 그동안 돈 때문에 겪은 힘들었던 기억들이 스멀스멀 스쳐지나갔다. 돈이 없어서 사촌 동생에게 살면서 용돈을 제대로 주지 못했던 일, 빚이 순식간에 불어나 신용불량자에 처해질 뻔했던 위기들, 어리고 돈이 없어 쉽게 갑질당했고 갑질당해도 싫은 소리 한번 내뱉어 보지 못하고 내 마음속에 묻어 놨던 일들…

" 이 책을 읽는 독자들에게 하고 싶은 이야기

"작가님, 돈이 많으니 이제 행복하세요?"

돈보다 빚이 많았던 시절에는 빚을 갚기 위해서 열심히 발로 뛰며 공무원들과 사람들에게 많은 지적질을 받으면서도 늘 웃으며 활기차고 긍정적으로 살았다. 빚이 재산이라는 말을 뼛속 깊이 느꼈던 사람이었다. 빚이 있으니 그 빚 때문에 나 자신을 불태워 살았던 시절 그 당시 1만 원 쓰는 것도 벌벌 떨며 아깝게 생각했다.

만약 필자가 20억 원 정도 벌었다면 이 돈을 가지고 평생 조금씩 까먹으면서 조용히 살 수 있겠지만, 필자가 수익 낸 10억 원은 큰돈이긴 하지만 이 돈을 가지고 평생 살 수 없으니 어쩌면 필자에게 독이 될 수 있는 돈이라고 생각한다. 이 부분이 요즘 필자가 고민하는 지점이다. 아주 어정쩡한 돈 때문에 나 자신이 교만과 나태해지려는 생각을 발견한다. 수많은 경쟁자를 재치고 앞으로 수년간 나라의 녹을 먹는 일에 합격이 되어 기분이 좋아야 하지만 필자가 해야하는 일이 더 늘어나게 되어 그리 기분이 좋지 않다.

"코인 투자만 잘하면 2년 치 월급을 벌게 되는데 굳이 이 일을 왜해야 될까?"라는 마음이 발현되고 있는 것이다. 코인으로 돈 벌 수 있다는 생각을 버려야 하는데 자신감이 생기니 그 마음이 없어지지 않는다.

"돈이 행복의 전부가 아니고 돈은 행복의 일부가 되어야 된다."라는 생각이 든다. 내 목표는 돈을 많이 버는 것이 아니라 내가 좋아하는 직업에서 최고가 되는 것이 목표이다. 필자는 이 목표를 이루기 위해 10년 동안 찬밥 더운밥 가리지 않고 뛰었던 나의 가치가 초라하게 보이니 더욱 마음이 아픈 것 같다. 필자가 책을 쓰려고 결심한 이유도 비슷하다. 내가 이루고자 했던 목표 중의 하나가 책 집필이었고 나만의 책이 나오면 내 목표가 초라해 보이지 않게 된다고 생각했다. 빚을 갚아도 어렵다. 지금은 돈이 많아서 행복해지지만 앞으로가 문제다. 교만함과 나태함을 경계할 수 있는 방법을 찾는 게 다음 목표가 되어야 할 것 같다.

비트코인에스브이 (BSV)	평가손익	52,208,165
	수익률	78.59%
355.15758834 BSV 보유수량	187,050 KRW 매수평균가(수정됨)	
118,640,392 KRW 평가금액	66,432,227 KRW 매수금액	

필자가 하루 만에 얻은 수익률.
이로 인해 교만함과 나태함을 최고조로 느끼게 되었다.

암호화폐 알트코인 투자 피해를 조심하자!

Q. 자기소개를 간단히 해주신다면

A. 20대 평범한 직장인 남자입니다. 제테크로 주로 주식을 했습니다.

Q. 이 코인을 구매한 거래소는 어디인가요?

A. 포X게이트입니다.

Q. 이 코인을 왜 구매하게 되셨나요?

A. 가상화폐를 잘 모르는 상태에서 친구가 자기 구매한 거 보여 주고 무조건 오른다고 추천해서 그래프를 봤는데 그동안 계속 오르고 있더라구요. 혹시나 해서 200만 원 구매했죠.

Q. 이 코인을 얼마에 구매하셨나요?

A. 개당 7~8만 원에 구매했던 것 같습니다. (평균 매수가: 75,977원)

Q. 가격이 떨어질 때 왜 안파셨나요?

A. 사고 거의 1~2일 뒤에 누가 던진 것마냥 −50% 이상 한꺼번에 폭락을 하더라구요. 다시 조금 오르길래 아 잠깐 조정 오는 거겠지⋯ 친구가 무조건 오른다고 했으니 기다려 보자 하고 '존버'했습니다⋯ 잠깐 반등 주는 척하더니 계속 떨어지더라구요. -80%, -90%⋯ 이미 손절 범위는 지나서 없는 돈 생각하고 내버려뒀습니다. 몇 개월 뒤 다시 접속해 보니 −99% (현재 가격: 230원)가 찍혀 있더라구요.

Q. 시총 낮은 잡코인을 타서 대박을 노리는 사람들에게 한마디 해주신다면

A. 재단(회사)은 여러분을 돈을 벌게 해주지 않습니다. 오픈 채팅방, 텔레그램방 만들어서 투자자를 끌어모으고 가격을 조금 올린 다음 설거지하는 경우가 많아요. 법적으로 보호받을 수 있는 시장도 아니구요. 재단이 우 상향하는 차트 만들 때 운 좋게 몇 번 수익을 낼 수도 있겠지만⋯ 그것은 실력이 아니라 정말 운입니다. 일확천금을 노리다가 지옥 갈 수 있어요. 비트는 존버하면 다시 올라오기라도 하지 다른 코인들은 존버가 답이 아니에요. 다른 사람들이 많이 분석하고 투자하는 코인은 다 이유가 있는 겁니다. 비트코인, 메이저 알트코인만으로도 충분히 돈을 벌 수 있어요. 저는 최근에 이더리움으로 많은 수익 봤습니다.

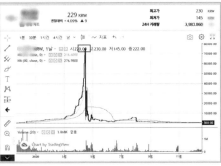

위와 같이 암호화폐에는 투자 피해가 매우 많다. 돈에 관련된 따끈따끈한 정보들은 정말 조심해야 한다. 혼자만 알고 있는 정보는 절대 없다. 특히 상장되지 않은 코인들에 대한 정보 또는 펌핑방에서 나오는 정보들은 더욱 믿으면 안 된다.

어떤 경로로 정보를 얻었는지 모르겠지만 투자 사기 피해의 대다수가 지인을 통해 들어오는 것이 많으니 그 정보 그대로 믿지 말자. 결국엔 친구 관계도 멀어지게 될 수 있으니 조심하고 경계해야 한다.

암호화폐 해킹 조심하자

필자는 잠결에 일어나 문자를 보았다. 그런데 코X원 거래소가 해외에서 접속되었다는 문자가 온 것이다. '와이고! 이 뭐고?' 놀래서 해당 거래소에 들어가기 위해 메시지가 온 주소를 클릭하려고 하였지만 이내 해킹을 위한 스미싱인 것을 인식하고는 클릭을 멈췄다. 만약 클릭했다면 150만 원으로 수억 원을 만들었던 이 돈들이 송두

리째 뺏길 수 있었다.

  암호화폐 상승으로 인해 피 같은 개미 돈을 훔치려는 나쁜 사람들이 많다. 스미싱과 e메일 피싱 등 암호화폐를 잘 모르는 사람들은 고전적인 해킹 수법이 의외로 잘 당할 수 있으니 조심하자. 필자는 해킹에 대비하여 의심스러운 이메일이나 메시지는 바로 삭제한다. 필자의 계정을 로그인할 때 시청 민원실, PC방 등 공용 컴퓨터에서 절대 로그인을 하지 않고 오로지 집 컴퓨터를 통해서 이용한다. 그리고 암호화폐 거래 사이트에 4개 계정을 만들어 분할로 관리하고 있다. 특히 검색 엔진에는 여러 가지 해킹 툴이 숨어 있으니 의심스러운 파일이 다운되었다면 즉시 삭제하자.

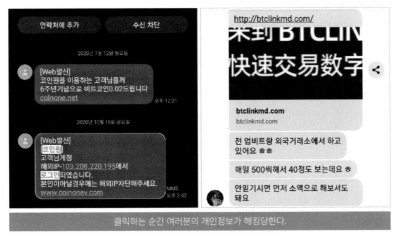

암호화폐 스미싱 사례

"작가님은 사기당해 본 경험 없으신가요?"

필자도 암호화폐로 사기당해 본 경험이 두 번 있다. 그중 치명적인 ICO 사기를 당해 봤다. ICO란 초기 코인 공개(initial coin offering, ICO) 또는 암호화폐 공개란 블록체인 기술을 기반으로 새로운 암호화폐를 만들기 위해 불특정 다수의 투자자들로부터 초기 개발 자금을 모금하는 과정을 말한다.

폴란드에서 운영하는 회사인데 ICO 모금 단계에서는 국내를 기점으로 여러 홍보 마케팅을 진행하다가 ICO 모금이 성공적으로 끝나자 회사는 곧바로 소통을 닫고 개발을 하지 않는 상황이 발생했다. 이 ICO에 수천만 원 혹은 수억 원을 투자한 투자자는 분통을 터트릴 수밖에 없었고 이후 투자자들 간 내분과 ICO를 진행했던 대표자가 끝까지 책임지지 않고 회피하는 사태가 일어나게 되었다. 필자는 해당 코인에 지인들과 함께 수천만 원을 투자하게 되어 지인들의 걱정과 짜증이 섞인 전화를 수차례 나눴다. 필자의 잘못된 판단으로 인해 손해를 보게 된 지인들의 피해를 고스란히 받아들여 당시 주머니 사정이 어려웠던 상황 속에서도 1년 6개월간 꾸준히 변제를 해주었던 경험이 있다. 절대 암호화폐로 사기당하지 않았으면 좋겠다.

그때 필자가 사기를 당했던 일을 반면교사 삼아 우리 지역에 사기·다단계 코인을 막고 건전하게 암호화폐를 투자하자는 의미로 '암호화폐 무료 투자 공부방'을 열었고, 사기·다단계 코인에 당했던 여러 많은 사람을 모아 무료로 교육을 진행시켰다. 암호화폐는 절대 쉽게 돈을 벌 수 없다. 모르고 투자하면 내 자산을 잃기 쉬운 시장이지만 알고 투자하면 주식보다 쉬운 곳이 여기다. 대형 암호화폐 거래소에 있는 코인들로만 투자를 진행하자. 이 글을 읽고 읽는 독자들도 본인의 지식이 없다면 절대 주변 사람을 끌어들이지 말자.

"이제 앞으로 뭐할 건가요?"

로또 1등에 당첨된 사람들의 끝은 매우 처참하다. 어떻게 보면 부자들은 돈의 부작용에 면역되어 있는 것 같다. 돈의 부작용을 최대한 떨쳐내고 싶다. 돈이 많으니 마음이 공허해지는 것 같다. 그래서 필자의 목표는 5년 전 불타는 열정을 가지고 있던 '나'로 다시 되돌아가는 것이다. 앞으로도 계속 기획자의 삶을 살아가며 투자의 철칙을 지키며 사는 것이다. 투자는 부업으로 하되 투자를 통해서 기획자로서의 성공을 이루고 싶다.

"내가 지역에서 기획자로 성공을 하면 대한민국 상위 10%에 속한다. 하지만 여기서 암호화폐 전문 투자자로 성공을 하면 대한민국 상위 0.1%에 속하게 된다."

그래서 앞서 설명했듯이 나태하고 교만한 감정을 최대한 경계하며 내 삶을 행복하게 할 수 있는 일이 무엇인지를 다시 생각해 봐야할 것 같다. 이제 자린고비 투자로 인해 힘들었던 내 몸에 투자하고 싶다. 몸이 재산인데 10년 동안 내 몸에 투자하지 않고 매일 나 자신을 태워 일한 것 같다. 또 1억 버킷리스트를 먼저 실행해

보고자 한다. 그리고 내 마음에서 행복을 일으킬 수 있는 것이 무엇인지 곰곰이 생각해 보고 그 일들을 이루기 위해 최선의 노력을 다하고 싶다.

"여러분 유 작가님을 미워하지 맙시다."

유 작가님은 2017년에 "암호화폐는 천국과 지옥을 왔다 갔다 하는 가격 변동으로 투기 대상이기 때문에 화폐 기능을 하는 것은 불가능하다.", "비트코인은 바다 이야기 같은 사기도박"이라는 말씀을 하시며 세간에 화재를 일으키며 비트코인은 사기 낙인이 찍히게 되었다.

2,000만 원이 넘었던 비트코인이 한때 350만 원까지 떨어질 정도로 큰 하락을 하여 그의 선견지명을 우러러보는 사람들이 늘어났다. 하지만 반감기 이후 2020년 비트코인은 2017년 고점을 뛰어넘고 전 세계 큰 부자들이 대거 투자하여 현재 5,000만 원 시가총액 1,000조를 호가하는 역동적으로 활발한 시장으로 변화되었다.

지금 유튜브를 가보면 댓글 및 영상을 통해 유 작가님을 원망하는 사람들이 생겨나고 있다. 주위의 따가운 시선을 받으며 지독한 고독과 불안함을 이기고 투자에 성공한 우리 개미투자자들의 마음도 모르는 것은 아니다. 현실을 만끽하며 나의 말이 맞았음을 증명하는 일종의 포효라고 말하고 싶다.

필자는 그를 원망하지 않는다. 오히려 고마운 분이라고 생각한다. 그분 덕분에 수많은 사람이 암호화폐를 그만두게 되어 2017년 이후 약 3년간 90% 넘게 하락했던 슈퍼 다운 사이클을 겪지 않도록 도와주신 고마운 분이라고 생각한다. 멘탈 약한 사람들이 코인에 투자를 하며 슈퍼 다운 사이클을 그대로 맞아본다면 아마 이 세상 사람이 아닌 사람들이 많았을 것이다.

"책이 너무 어려운 것 같아요. 빠르게 핵심 팁을 알려주신다면 어떤 것이 있을까요?"

산이 높으면 골짜기는 깊은 법이다. 코인은 상승만 주야장천 하지 않는다. 엄청난 상승 끝에는 무지막지한 하락이 기다리고 있는 법이다. 그래서 여러분들에게 "코인 망했다"라는 기사가 스멀스멀 나오게 되었을 때 투자를 권하는 것이다. 이거저거 다 먹으려고 생각하지 말고 일 년에 3번 크게 수익을 올려 파는 전략을 가져 가자. 수익화를 시키는 것도 용기며, 코인 가격이 떨어져 손절하는 것도 용기다. 용기를 가지고 행동하자.

시가총액이 적은 코인은 절대 투자하지 말자. 암호화폐 거래소에 보면 100억 원 미만의 코인들도 버젓이 거래되고 있다. 시가총액이 낮은 코인들은 소액에도 시장 가격이 흔들리는 경우가 많고, 적은 돈으로도 가격을 크게 올릴 수 있기 때문에 작전 세력들의 주된 표적이 된다. 따라서 비트코인은 당연히 구매해야 하고 시가총액이 1조가 넘는 코인들 위주로 구매하는 것이 좋다. 시가총액이 높은 코인들은 세력 참여가 제한적이고, 차트 패턴을 정석적으로 그려가면서 가격대를 올린다. 간혹 시가총액이 낮은 하위권 코인 중 일부가 상위권으로 올라가는 경우가 있는데, 흙 속의 진주를 찾다가 괜히 시간과 돈만 낭비할 뿐이다.

초보 투자자들은 비트코인만 투자하자. 암호화폐는 비트코인의 변동성에 영향을 많이 받기 때문에 모든 트레이더는 비트코인으로 시황 분석을 한다. 따라서 유튜브, 트레이딩뷰 등 어디서든 비트코인 시황을 볼 수 있기 때문에 차트 초보자도 흐름을 예측하기 쉽다.

뉴스를 믿지 말자. 호재가 발생하면 물량을 줄이고, 악재가 발생하면 물량을 늘리자.
"특히 뉴스에서 나오는 악재는 믿지 말자. 악재가 클수록 투자에 있어서 최적의 찬스다!"
악재는 큰 세력이 만드는 일종의 속이다. 암호화폐 출시 후 지금까지 393번 속아 왔고 앞으로 계속 속일 확률이 크다.

3년 이내 필요한 돈으로는 절대 코인 투자를 하지 말자. 단기성 자금은 늘 조급함이 따른다.
3년 이내에 필요한 돈으로 투자를 진행했다가 가격이 떨어지면 마음이 조급해지고, 이는 잘못된 선택을 할 가능성을 높인다. 암호화폐 투자 사이클을 볼 때 3년 정도는 투자를 진행해야 수익이 날 수 있다. 조급하지 말자. 구매하지 못하면 이익도 손해도 없지만 조급하게 구매했다가는 손해 보기 십상이다.

한꺼번에 투자(일명: 풀 매수)하지 말자 "풀 매수는 패망의 지름길이다."

암호화폐의 3년은 주식의 10년과 같기 때문에 주식을 10년간 투자를 진행하면 수익을 얻듯이 3년간 투자해도 충분히 수익을 얻을 수 있다. 매일, 매월 일정하게 조금씩 비트코인을 구매하는 것이 부자가 되는 지름길이다.

"현금화가 되어야 내 재산이 된다."

"팔고 오른 가격에 미련을 두지 말자. 그것은 내 돈 아니다."

팔고 오른 가격에 미련을 두다가 오히려 손해를 보는 경우가 많다. 내가 판매하기 위해 스크린 샷으로 기념을 남기고 싶은 시점, 그 시점이 최적의 판매 찬스다. 계좌에 들어와야 내 재산이 된다는 점을 명심하자.

내 코인 안 오른다고 다른 코인 사랑하지 말자.

"내 코인 언제 올라요?"가 가장 무식한 질문이다. 내 코인도 다른 코인 오르듯 언젠가 올라간다. 내 코인이 안 오르고 다른 코인이 상승하니, 그 상승 열차에 탑승하는 순간 내 코인이 무섭게 올라간다. 이 현상을 징크스라고 보기 어렵고 개미들의 개미 지표로 이해하는 것이 좋다.

"돈 버는 방법은 누구나 다 아는 방법이다. 단 실천으로 옮기냐 마느냐의 차이가 있을 뿐이다."

코인으로 많은 수익을 챙긴 사람들은 대게 우리가 아는 상식 수

준을 지키며 단순하게 투자한다. 절대 요행을 바라지 않고 자신만의 투자 원칙과 정도를 지키며 걸어가는 사람들이다. 확고한 투자 원칙 없이 큰 수익을 바라는 것은 도박이다.

주식과 암호화폐의 공통점과 차이점이 궁금합니다.

1	코인은 주식의 배당 같은 개념으로 하드포크, 에어드랍이 존재한다.
2	거래소가 존재하며 코인의 거래량이 낮으면 상장폐지를 진행할 수 있다.
3	주식은 상 · 하한가가 존재하지만 코인은 없어서 하루 1,000% 상승도 가능하다.
4	주식은 거래소마다 가격이 동일하지만 코인은 거래소별 가격이 다르다.
5	주식은 투자자를 보호받는 법이 있으나, 코인 법제화가 미비하다.
6	주식은 대주주의 매각 공시가 있으나 코인은 공시 없이 바로 매도할 수 있다.
7	주식은 하루 6시간 30분 거래 및 휴장이 존재하지만, 코인은 365일 24시간 열린다.
8	코인은 주식과 다르게 회사 정보를 파악할 수 있는 수치화된 정보가 적다.
9	주식과 비슷하게 암호화폐도 상장, 비상장(ICO)이 존재한다.
10	매수와 매도를 통해서 수익을 구현한다.

코인과 주식의 공통점과 차이점 정리

암호화폐 투자 입문자가 자주 묻는 질문

Q. 비트코인 사기 · 다단계 아니에요?

A. 전 세계 1억 명이 참여하고 있는 시장입니다. 만약 비트코인이 사기 · 다단계였다면 정부에서 법제화를 진행했을까요?

Q. 비트코인 도박 아닌가요?

A. 마이클 세일러 마이크로스트레티지 CEO는 2013년 10월 10만 원에 거래되던 비트코인이 두 달 만에 100만 원으로 900% 폭등하자 비트코인을 두고 '온라인 도박과 같은 운명을 겪는 것은 시간문제로 보인다'라고 비난했습니다.

그랬던 그가 2020년 비트코인 38,250개를 아주 공격적으로 투자했답니다. 《탈무드》에 "부자가 되려면 부자의 줄에 서라."라는 말이 있듯이, 온라인 도박이라고 비난했던 그가 본 것은 도박이었을까요? 아니면 미래 새로운 가치 투자였을까요?

Q. 비트코인이 6,000만 원인데 학생이라 100만 원밖에 없어서 살 수 없어요.

A. 모든 코인은 주식과 다르게 소수점 단위로 구매 가능하기 때문에 구매 가능합니다.

Q. 거래소는 어디를 이용하는 것이 좋을까요?

A. UI가 쉽고 페이지 전환 속도가 빠르며 거래량이 높은 거래소를 추천합니다. 필자는 국내 거래소 '업○트'를 추천합니다.

Q. 주식은 거래소마다 가격이 동일하던데 코인도 가격이 동일한가요?

A. 거래소마다 가격이 1~2% 정도 차이가 있고, 국가별 가격 차이가 존재합니다. 가령 국내는 2017년 김치 프리미엄이라고 하여 세계 시세와 50% 정도 차이가 난 때도 있었습니다.

Q. 코인 거래소에 입·출금하는 방법이 쉽나요?

A. 주식은 매도한 날로부터 2 영업일 뒤에 출금이 가능한데, 암호화폐는 매도 후 출금까지 1분이면 충분합니다. 참고로 입금도 1분이면 충분합니다.

Q. 코인 이거 위험한 거 아닌가요?

A. 네, 아주 위험합니다. 1억 원을 투자했다가 500만 원으로 될 수 있는 시장이죠. 하지만 500만 원이 1억 원이 될 수도 있는 시장입니다. 장기적 관점에서 철저한 분할 매수로 접근하면 적은 돈으로 큰돈을 만들 수 있습니다.

Q. 코인을 지금 사도 되나요?

A. 네, 사셔도 됩니다. 하지만 하루 만에 일확천금을 벌 수 있다는 생각을 접으시고 비트코인을 3~4년간 꾸준히 투자하세요. 처음 2년은 수익이 전혀 안 나올 겁니다. 하지만 걱정마시고 계속 투자하세요. 다음 반감기 이후에는 큰 돈이 되어 있을 겁니다. "아! 그때 살걸ㅜㅜ"이라고 생각할 때가 사야할 때라는 것을 명심하세요.

" 투자 승률 99% 김치 프리미엄을 이용한 안전하게 투자하는 방법

2017년 12월 대한민국이 비트코인으로 요동치던 때가 있었다. '오늘의 고점은 내일의 저점이다.', '자고 일어나면 로또가 당첨되는 세상'이라는 말이 당시 상황을 대변한다.

암호화폐는 주식과 다르게 상한가가 존재하지 않아 하루에 수십에서 많게는 수백 퍼센트가 올라갈 수가 있는데, 하루가 다르게 무섭게 올라가는 암호화폐들로 인하여 엄청난 국내 개미 투자자가 시장에 참여하게 되었고 '김치 프리미엄'이라는 단어가 생겨나게 되었다. 김치 프리미엄이란? 국내외 암호화폐 간의 가격 차이를 뜻하는 은어인데 국내 암호화폐 시장의 거품을 상징하는 단어가 되었다.

그도 그럴 것이 비트코인의 프리미엄은 해외와 비교할 때 50% 수준을 넘어가게 되었다. 2018년 1월 9일 기준 51%가 넘는 프리미엄이 발생하여 해외와 824만 원 차이가 나게 된 것이다.

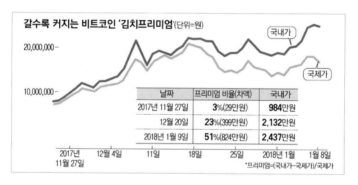

하지만 김치 프리미엄이 딱히 애물단지 같은 존재는 아니다. 만약 프리미엄이 붙기 전에 암호화폐를 재빨리 해외 거래소로 옮겨 놓고 난 후 국내 프리미엄이 생길 때 다시 옮긴다면 어떨까? 필자는 프리미엄만 잘 이용하면 시세차익을 통해 안전한 수익을 얻을 수 있다고 본다.

프리미엄을 기준으로 매매 기준을 잡는다면 언제가 좋을까?

큰 하락장이 오게 된다면 프리미엄이 0%에 가까워지며 심하면 역프리미엄(외국 거래소의 프리미엄이 더 높을 경우)이 올 수 있다. 이때가 매수할 수 있는 절호의 기회다.

반대로 큰 상승장이 오게 된다면 프리미엄이 점점 상승하며 대중들의 관심이 많으면 10% 이상 프리미엄이 올 수 있다. 이때가 매도할 수 있는 절호의 기회다.

여기서 암호화폐를 구매한다면 프리미엄 보너스＋코인 가격 상승 두 가지 효과를 누릴 수 있는데, 만약 암호화폐 변동성이 매우 높아 자산의 안전성이 낮은 구간이라면 스테이블 코인으로 교환하는 것도 추천한다. 스테이블 코인은 실물화폐 달러의 가격을 기반으로 만든 코인이기 때문에 환율에 따라 가격이 좌우된다. 즉 안전자산인 셈이다.

이후 프리미엄이 발생되는 것을 보고 높은 프리미엄이 발생된다면 거래량이 제일 높은 비트코인으로 구매하여 국내 거래소로 옮겨 프리미엄을 활용한 시세차익을 얻자.

이해를 돕기 위해 아래 그림을 참고하자.

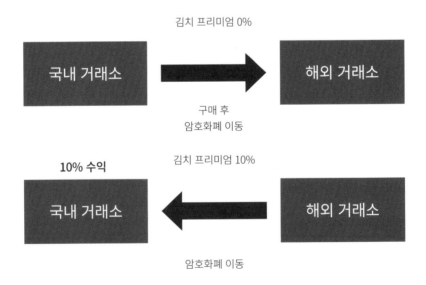

PART 4 아싸! 대박 났다!!

" 작가님 차트 분석이 너무 어려워요! 쉽게 볼 수 있는 방법이 없을까요?

필자는 메이크잇(www.tradestudy.co.kr/) 강홍보 대표님을 통해 차트 기초를 배웠다. 아쉽게도 필자의 차트 분석에 관련된 부분은 메이크잇 고유의 저작권이라서 공개할 수 없지만, 다른 암호화폐 커뮤니티 사이트에서 체득했던 간단한 매매 방법을 공개하겠다.

60일 이동평균선 매매법

60일 이동평균선과 20일 이동평균선을 이용한 매매법은 암호화폐 초보 투자자가 가장 쉽게 매수 & 매도 타이밍을 잡을 수 있는 매매법이다. 필자가 장기 투자를 진행할 때 자주 쓰는 매매법이다. 캔들이 60일 이동평균선을 상승 돌파 시 구매하고 20일 이동평균선 아래로 하향 돌파하지 않을 때까지 장기적으로 코인을 가지고 가는 전략이다.

- 세팅 방법 : 이동평균선을 생성 후 60일 이동평균선 + 20일 이동평균선 설정
- 매수 타이밍: 캔들이 60일 이동평균선 위로 돌파할 때 매수한다.
- 매도 타이밍: 캔들이 20일 이동평균선 아래로 돌파할 때 매도한다.

※ 20일 이동평균선 아래로 단기적 하락할 때는? 매도 후 20일 이동평균선을 다시 지지하는지 지켜보고 지지 여부가 판단되면 다시 매수 진행.

\<종합\> 작가의 투자 노하우 요약 정리!

1. 차트를 모른다면 주제를 알고 단타 치지 말자.

투자에 있어서 내 성격과 성향이 매우 중요하다. 가령 차트 분석을 전혀 하지 못하는 사람이 단타를 진행하는 투자자가 있다. 지금 책을 보고 있는 본인 혹은 비트코인이 많이 상승하니까 무작정 코인판에 입장한 개미들이 주위에 정말 많다. 대다수가 차트 분석을 하지 못하는데 들어와서 많이 오른 코인들을 구매하다가 낭패를 보는 사람들이 필자가 생각하기론 99%다. 암호화폐는 100% 차트를 중심으로 호재와 악재가 나오게 되는데 차트를 모른다면 눈 감고 상대와 싸우는 것과 같다.

2. 기본적인 소양을 갖추자.

대학교에 입학하면 가장 먼저 무엇을 할까? 대개 대학에 관련된 여러 상식을 학습한다. 만약 대학 관련 기본적인 소양을 갖추지 않아 족보, 교수님 강의 스타일 등 찾아내지 못한다면 성적표에 F를 받아볼 수도 있다.

따라서 암호화폐에 코린이로 입학했으니 먼저 암호화폐에 대한 기본적인 소양을 갖춰야 한다. 가장 기본적인 것이다. 기본 위에 기술이 쌓이고 그 기술로 수익을 얻는 것이다.

3. 상승 하락 패턴을 파악하여 하락 = 투자/상승 = 매도하는 마음가짐을 기르자.

하락에 사고 상승에 판다는 말은 누구나 알 수 있는 당연한 말이지만 지키질 않는다. 암호화폐 세계에서 비트코인이 가지고 있는 패턴이 있다. 이 패턴을 잘 기억하여 하락장에 사고 상승장에 팔고 나가자.

비트코인은 연 2~4회 큰 상승과 큰 하락을 일으킨다.

※ 대략 ±20~30%의 변동성을 준다.

6개월~1년에 한 번씩 상상할 수 없을 정도의 큰 하락을 준다. 이 시기 비트코인 망했다는 가짜 뉴스가 속출하고 시장에 무시무시한 공포감을 준다.

※ 대략 −30~60%의 변동성을 준다.

---

4. 매수와 매도는 개미지표를 통해 진행하자.

암호화폐는 사람의 심리를 적극적으로 활용하며 상승과 하락이 나온다. 따라서 투자자들의 심리를 잘 알아볼 필요성이 있는데, 카카오톡·텔레그램·카페·밴드 등 암호화폐에 관련된 커뮤니티가 무수히 많다. 이 커뮤니티에 가입하여 안테나를 꽂고 시장의 하락장과 상승장을 지표를 보며 공포심리를 예측한다. '떨어진다', '떡락', '한강 가자', '내려가자' 등 키워드 설정을 해놓고 지켜보는 것도 좋은 방법이다.

5. 최적의 투자 시기

① 얼터네이티브에서 제공되는 암호화폐 공포/탐욕지수가 극단
   적 공포가 들어설 때
※ 시장에 커피츌레이션이 발생하여 세계 멸망 직전 분위기면 더
   욱 좋다.
② 뉴스와 여러 커뮤니티에서 비트코인에 대한 심한 비관론적인
   분위기가 팽배할 때

책에서 자주 언급하는 것은 정말 중요하기 때문에 하는 것이다. 암
호화폐는 주식과 달리 시장 사이클이 매우 빠르기 때문에 느긋하게
큰 하락을 기다려도 된다. 6개월~1년 사이 한 번씩 내 자산이 50% 이
상 늘어가는 것도 괜찮지 않을까? 필자는 큰 투자를 1년에 1회 정도
공격적으로 진행하며 내가 가지고 있는 자산을 크게 불려 나갔다.

🌏 국민일보
비트코인 또 추락... "코인판은 끝났다" 비관론 확산
비트코인 또 추락... "코인판은 끝났다" 비관론 확산. 6일 만에 27% ↓ 523만
원... "큰손들 이미 떠났다" 분석. 입력 : 2018-11-21 ...
2018. 11. 21.

6. 최적의 매도 시기

기본적인 암호화폐 매도 시기

- RSI 지표가 고점을 찍을 때
- 신문 등 언론에서 환희에 찬 희망적인 메시지가 나오고 있을 때
- 여러 암호화폐 커뮤니티에서 환희에 차 있거나, 평소보다 높은 대화량을 기록할 때
- 커뮤니티에서 암호화폐 유저들의 수익 인증이 평소보다 많을 때

4년간 암호화폐를 투자하면서 느꼈던 점은, 세력들은 우리의 머리 꼭대기에 앉아 있는 것 같다. 언론에서 상승 이후 환희에 찬 희망적인 메시지가 나오거나 암호화폐 커뮤니티 등지에서 수많은 인증샷과 댓글 등 시장이 활발해지고 있을 때 어김없이 하락을 시켰다. 그래서 필자의 추측으로는 세력들은 신규 유저들이 들어오는 것을 최대한 경계하며, 신규 유저들이 들어온다는 정황이 잡히면 신규 유저들이 가지고 있는 자금을 남김없이 쪽쪽 빨아먹어 신규 유저들이 시장에 들어오지 못하게 차단하는 것 같다는 느낌이 든다. 이를 중심으로 세력의 입장에서 최적의 매도 시기를 생각해 봤다.

최고의 매도 시기는 언제가 좋을까?

내가 농부라면 언제 수확할까?

1번   2번   3번

   농부의 관점에서 생각해 보자. 농부는 땅, 작물 생태, 날씨, 시세, 농기계 등 폭넓은 지식과 상당한 숙련을 요구하는 기술자이다. 세력의 입장에서 비트코인은 일종의 농사와 같다. 세계 경제 동향을 분석하여 이슈를 만들고 기관 등 정부 입장을 고려하여 상승과 하락 시점을 정한다.

그렇다면 내가 세력이라면 언제 수확할까?

- 구글 트렌드 비트코인 검색량이 2017년 고점을 넘어설 때부터
- 얼터네이티브에서 제공되는 암호화폐 공포/탐욕지수가 극단적 탐욕이 지속될 때
- 시장이 광기에 가까운 환희에 차 연일 뉴스 메인에 비트코인이 도배될 때

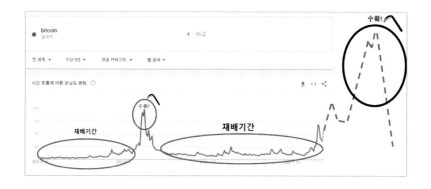

7. 투자 중독되지 말고, 본업에 집중하자.

- 내가 팔면 나만 빼고 올라가는 기분이 들 때
- 수중에 투자 중인 코인이 없으면 불안하다.

대다수가 위와 같은 고민을 겪은 적이 많을 텐데 그것은 중독이니 조심하자. 투자 감각을 잃게 만드는 중독을 경계해야 한다. 시장은 24시간 365일 열려 있는데 무슨 걱정이 많은가? 코인 투자에 중독된 사람들은 투자를 하지 않는 것이 여러분의 자산을 지키는 길이다.

8. 마진 투자는 1만 원~10만 원씩 소액으로 진행하자.

한방 투자는 뚝배기가 깨질 수 있으니 절대 그 방식으로 투자하지 말자. 백이면 백 다 깡통 찬다.

암호화폐의 하락장이 도래하면 기본 -30% 넘게 떨어진다. 자신이 가지고 있는 투자 원금 중 3~5% 정도로 진행하며 투자 원금을 최대 10분할하여 청산당하기 직전 물타기 자금으로 활용하자.

9. 본업에 집중하고 코인 창을 보지 말자.

필자가 제안하는 투자법은 6개월~1년마다 찾아오는 하락장을 노렸다가 그 자리가 오게 되면 빠르고 공격적으로 저점 매수 기회를 노리는 방식이다. 초보 수준의 차트 분석 능력을 가지고 있어도 충분히 안전하게 투자할 수 있다.

이 방식을 통해 수익을 벌고 있다고 해서 전업 투자자가 될 생각은 꿈에도 하지 말자.

수익은 시장이 여러분들에게 주는 것이지 결코 여러분들의 실력이 좋아서 벌어들인 것이 아니다. 전업 투자자는 한 가지 투자 상품에 3년 이상 꾸준히 투자하여 좋은 성적을 낸 사람들이 할 수 있는 직업이다. 또 투자를 진행하면서 죽을 뻔한 고비를 한두 번 거쳐 시장을 냉정하게 바라볼 때부터 전업 투자자를 할 수 있다.

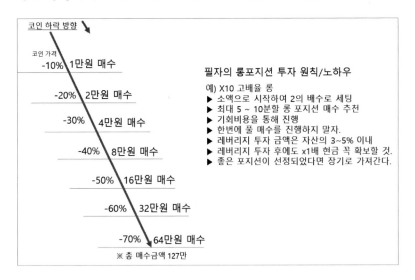

PART 4 아싸! 대박 났다!!

여러분들은 본업에 집중하는 것이 맞다. 부업이 본업보다 비중이 크면 좋지 않다. 본업에서 성공할 기회를 찾기 위해 부업으로 투자를 진행한다면, 여러분들은 분명 성공할 것이다. 본업에 집중하며 반가운 하락님이 찾아올 때마다 빠르고 공격적으로 매수 기회를 찾자.

10. 부자병에 조심하고 내가 돈을 버는 목적을 잊지 말자.

필자가 생각하기론 암호화폐는 우리가 가지고 있는 수저의 색깔을 바꿔 주는 최고의 투자 상품이다. 따라서 돈이 복사되어 돈이 출력되면 내가 가지고 있는 본 직업을 망각하고 일에 집중하지 못할 때가 많았다. 필자도 그랬는데 2017년 비트코인이 2,800만 원까지 치솟자 갑자기 수천만 원의 재원이 들어왔는데 그 돈으로 인해 부자병이 걸리게 되었다. 부자병은 정말 무섭다. 부자병이 걸리면 정신이 공허해져 허무한 생각이 많이 들며 매일 무엇이든지 구매해야 직성이 풀린다. 그리고 돈으로 세상 모든 것을 다 움직일 수 있다고 생각하게 되는데, 내가 가진 본업의 능률을 매우 떨어뜨리는 몹시 나쁜 병이었다.

필자는 부자병이 걸리고 난 후 다시 깡통을 차보니 1년 6개월 만에 겨우 완치되었다. 매우 좋지 않은 병이니 버킷리스트에 적은 내용을 통해 삶의 목표를 잊지 말자. 부자병을 고치는 또 다른 방법은 새로운 꿈과 목표가 있어야 한다.

암호화폐 초보 투자자들을 위한 코인 용어 정리

순번	제목	내용
1	호가창	코인을 사고 파는 가격과 개수를 볼 수 있는 창
2	매수 · 매도	코인을 구매 · 판매하는 행위
3	매수 · 매도벽	코인 거래하려고 호가창에 걸어둔 사람을 시각화하여 벽이라 표현
4	익절	이익을 보고 판매
5	손절	손해를 보고 판매
6	시총	시가총액의 줄임말로 총 코인 개수와 코인 가격을 합친 것
7	평단	평균 가격 단가의 줄임말로 내가 산 코인의 평균 가격을 의미
8	물타기	손해가 클 때 추가 자금 투입으로 평균 가격 단가를 낮추는 행위
9	불타기	상승했지만 아직 상승 가능성이 더 보일 때 매수하는 행위
10	고점 · 저점	가격이 높고 낮은 지점
11	추격 매수	가격이 더 오를 것을 예상하고 뒤늦게 매수하는 것을 의미
12	조정	상승 이후 장기간 하락을 통해 가격 안정화를 진행하는 과정

순번	제목	내용
13	눌림	재상승을 위해 단기 하락으로 가격 안정화를 진행하는 과정
14	개미 · 코린이	코인에 대한 지식이 없는 일반 투자자
15	호구 · 흑우	어수룩하게 속아 넘어간 사람들을 낮잡아 표현한 단어
16	세력(큰손)	시장을 움직이는 큰손들로 시세를 조정 가능한 자
17	덤핑	작전 세력에 의해 자산의 가격을 인위적으로 급격히 하락시키는 것
18	펌핑	작전 세력에 의해 자산의 가격을 인위적으로 급격히 상승시키는 것
19	시그널 · 픽	매매 신호를 주거나 받는 행위
20	오피셜	사실을 기반으로 하는 공식적인 발표(팩트)
21	뇌피셜	머릿속으로 상상한 자신의 생각
22	기도 매매법	코인을 구매하고 오르기를 기도하는 매매
23	떡상	가격이 급격하게 오르는 것을 의미함.
24	떡락	가격이 급격하게 떨어지는 것을 의미함.
25	우상 · 우하향	시간이 갈수록 시세가 상승 · 하락하는 기세
26	가즈아	자신의 코인이 올라가길 바라는 마음에 쓰는 말

순번	제목	내용
27	존버	비속어인 존*+버티다의 합성어를 줄인말로써 엄청 힘든 과정을 거치는 중이거나 참는 상황에서 사용하는 말
28	물림	코인 가격이 떨어져 매도하기 힘든 상황
29	시체	물림과 같은 개념으로 이를 사람으로 형상화함
30	구조대	코인을 매도하기 힘든 상황에 처해 있을 때, 언젠가는 코인 가격이 상승하여 자신을 구조해 줄 구매자가 나타나기를 바라는 말
31	설거지	세력이 물량을 털고 나갈 때 개미들이 구매한 경우
32	투더문	'코인 가격이 달까지 상승하자'는 희망을 담아 사용하는 말
33	행복(희망)회로	머릿속으로 행복한(희망찬) 상상이 깔려 있는 행동
34	커플링	A 코인 상승 시 B 코인이 하락하는 형태
35	디커플링	A 코인 하락 시 B 코인이 상승하는 형태
36	장투 · 장타	장기간 투자하는 방식
37	스윙	1주~3주 동안 투자하는 방식
38	단타	단기간 매수, 매도를 통해 이득을 취하는 거래
39	스캘핑(초단타)	30초~1분 이내 매수, 매도를 통해 이득을 취하는 거래

226

순번	제목	내용
40	빤스런 (패닉셀)	'빤스+런(run)'의 합성어로, 마치 불이 날 때 속옷(빤스)만 입고 달리는 것처럼 급박한 마음으로 아주 빨리 코인을 파는 뜻
41	데드캣 바운스	죽은 고양이도 높은 곳에서 떨어뜨리면 바닥에 튕겨 오르듯이, 코인 가격이 폭락하다가 바닥을 찍고 다시 튕겨서 오르는 현상
42	김프	'김치 프리미엄의 줄임말' 국내 가격이 해외 가격보다 높을 때 쓰는 말
43	역프	'김치 프리미엄의 반대말'로 해외 가격이 국내 가격보다 높을 때 쓰는 말
44	재정거래	어떤 상품의 시장 가격이 지역마다 서로 다를 때 가격이 싼 시장에서 상품을 사서 비싼 시장에 팔아 매매 차익을 얻는 거래
45	리또속	"리플에게 또 속았다"의 줄임말로, 리플 코인이 오를 때라 생각했는데 안 오를 때 사람들이 쓰는 말
46	비트코인	블록체인 기술을 기반으로 만들어진 최초의 암호화폐
47	알트코인	비트코인 외 모든 코인
48	메이저 알트	시가총액 상위 20위권 내 코인
49	잡코인	시가총액이 낮고 유명하지 않은 알트코인을 낮춘말

순번	제목	내용
50	엽전	10원 이하 가격을 가진 코인
51	동전	10~990원 가격을 가진 코인
52	지폐	최소 1,000원 이상 가격을 가진 코인
53	백서	개발자들의 암호화폐 개발을 위해 발행하는 기획서
54	ICO(아쇼)	암호화폐 출시 전 펀딩을 통해 자금을 모으는 것
55	스캠코인	쉽게 말해 사기코인으로 시중에 돌아다니는 코인 오픈소스를 이용해 그냥 이름만 바꾼 코인
56	하드포크	기존 암호화폐가 업그레이드되어 새롭게 생성되는 암호화폐
57	스냅샷	에어드랍을 할 때 정해진 시간. 혹은 코인 수를 측정하기 위해 거래소에서 자료를 백업하는 것
58	에어드랍	공중(air)에서 떨어뜨린다(drop)는 뜻으로, 기존 암호화폐 소유자들에게 무상으로 코인을 지급하는 행위
59	채굴(마이닝)	컴퓨터를 통해 코인을 채굴하는 행위
60	원화 채굴	현실 세계에서 열심히 돈을 버는 것을 희화화한 단어

출처: 네이버오픈사전, 위키백과, 코인픽, 해시넷(hash.kr)

맺음말

목표가 있는 삶

필자는 매년 연말에 내년 꿈과 목표를 작성하고 그 글을 SNS에 공개적으로 올려 이루기 위한 다짐을 합니다. 수많은 꿈과 목표 중 5년 동안 기어코 이루지 못했던 목표가 바로 나만의 책을 써보는 것이었습니다. 전 드디어 하나의 꿈을 이룰 수 있게 되었습니다.

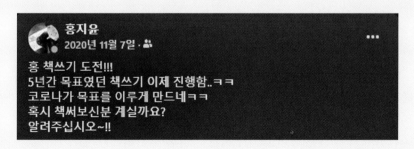

홍지윤
2020년 11월 7일 · 👥

홍 책쓰기 도전!!!
5년간 목표였던 책쓰기 이제 진행함..ㅋㅋ
코로나가 목표를 이루게 만드네ㅋㅋ
혹시 책써보신분 계실까요?
알려주십시오~!!

여러분의 목표는 무엇인가요?

　어떤 목표 없이 달려가면 내가 이루려고 하는 목표가 구체화되지 않게 되어 힘들어집니다. 투자도 마찬가지입니다.

　'내가 왜 돈을 벌어야 하지?'

　'난 이 돈으로 무엇을 하기 위해 돈을 벌려고 하는 것일까?'

　내가 돈을 벌어 무엇을 이루고 싶은지 가만히 생각해 보세요. 그때부터 투자에 영혼이 깃들게 됩니다.

필자는 세 가지를 꼭 이루고 싶었습니다.

　하나, 아무 간섭 없이 내 맘대로 축제를 만들어 보고 싶었습니다.

　예전에 일부 공무원들의 수많은 폭언과 일부 몰상식한 시민들의 갑질을 받아 가며 축제를 만든 기억이 생생합니다. 언제나 마음을 졸여야 하고 사람들의 파워 게임에 눈치를 살펴야 하는 게 이젠 질렸습니다. 사람들을 행복해야 되는 일을 하는데 정작 왜 저는 행복하지 못할까요? 그래서 전 그 누구의 간섭 없이 내 손으로 직접 내가 좋아하는 축제를 만들어 시민들과 맘껏 즐겨보고 싶었습니다.

　둘, 독립운동가분들을 내 손으로 돕고 싶었습니다.

　우리가 독립운동을 하지 않았다면 아마 우린 日本人になったはずだ゚ 독립운동가 후손들은 생활고가 심각한데 사회가 썩어 후손들의 처우를 개선되지 않는 현실…

　차라리 내 손으로 독립운동가를 도와주고 싶었습니다.

셋, 빚의 올가미에서 해방되고 싶었습니다.

필자는 평생 예스맨, 스마일 맨이었습니다. 남들에게 싫은 소리 하나 못 하고 싫어도 좋은 척, 힘들어도 재미있는 척 늘 웃으며 행복한 연기를 열심히 하였습니다. 빚이 있었기 때문이죠.

특히 매년 1~4월이 힘들었습니다. 비성수기 별다른 수익 없이 SNS에 행복한 웃음을 지어야 하는 이 현실… 투자를 통해 바꿔보고 싶었습니다.

이 책을 만드는 이유도 암호화폐 입문하고 있는 여러분들이 필자와 같은 전철을 밟지 말고 행복해지게 해드리고 싶어서 만들었습니다. 이 책을 통해 여러분들의 투자 내공을 업그레이드하여 실생활에 일어나고 있는 여러 갑질에 대해 소신을 굽히지 말고 당당히 맞서 권리를 쟁취하시길 바랍니다.

끝으로 이 책을 만들 수 있도록 물심양면으로 도움을 주시고 집필 과정을 지도 편달해 주신 윤창영 작가님께 감사 인사를 드립니다. 그리고 여러 투자 팁과 기술적 분석 등 이 책을 쓸 수 있도록 큰 배움을 주신 메이크잇 강홍보 대표님께 감사 인사를 드립니다. 암호화폐 투자를 진행하면서 대표님의 제자가 된 것에 대해 매우 자랑스럽게 생각합니다.

책 속에 2ETH를 숨겨놨습니다.

홍지윤 보물찾기

필자의 수익금 일부를 사회에 환원하자는 취지로 책 속에 숨겨놨다. 총 3가지 암호로 이루어졌는데 이 암호를 해독하면 상금의 절반을 발견자가 가져가고 나머지 절반은 기부할 수 있도록 만들었다.

2ETH는 암호해독 자가 나오기 전까지 지속적인 트레이딩을 통해 상금을 늘려갈 것이며, 상금의 규모를 예측할 수 있도록 매월 '홍지윤 보물찾기' 웹사이트에 공개할 계획이다.

- 암호는 1번과 2번 문제를 동시에 풀어야 상금을 받을 수 있게 만들었다.
- 암호는 전혀 생뚱맞지 않게 만들었다. 누구나 생각해볼 수 있다.
- 인터넷으로도 찾을 수도 있으며 필자의 지인들이라면 '홍지윤답게 만들었다.'고 말할 것 같다.
- 1839 1830001524341438001 15300012133800121330113 411341730390018243000120 1839183800122030391841114 1 113000151730 1839001217301438001 4 13303917390012 243000121330

1번 문제

셈「ㅎ 명뷰ㅐ : 셔매 쉬「ㅐㅐ 혤「ㅅ 워소매 - 렌처섯

셔ㅐ 셈랏 쉬미 햄 사ㅂㅍ팔 셈러 사뭉ㅍ팔」 뉘섧

1839/17300015293400011 18390014133300012 18341936 0014 18341839 21300012

'14300011'

1839/17300015293400011 18390014133300012 17300015173019360014 1730183700112 1300012

18390014/17300015293400011 18390014133300012 18391834193600 14 18341136213 00012

'18350018'

1839/17300015293400011 18390014133300012 18370011193600 14 173000151 113621300012

17300015/17300015293400011 18390014133300012 17300015193600 14 18341834 21300012

17300015/17300015293400011 18390014183900 14193600 14 18390014 21300012

18390014/17300015293400011 18390014133300012 17300015193600 14 17301136213 00012

'15300011'

18390014/17300015293400011 18390014133300012 17300015113400 18193600 14 18390014113621300012

17300015/17300015293400011 18390014133300012 18391936 0014 233000142 1300012

18390014/17300015293400011 18390014133300012 17301730193600 14 203900141837001121300012

1839/17300015293400011 183900141330000012 18390014183700111936001 18390014113621300012

18390014/17300015293400011 18390014133000012 1839113619360014 18390014113621300012

18390014/17300015293400011 18390014133000012 17300015173000151936001 17301134001821300012

1839/17300015293400011 18390014133000012 18390014173019360014 1839113400182130001

1839/17300015293400011 18390014133000012 18390014183419360014 18341730001521300012

2번 문제

juwe1jakum910 jakum1ninggun3uyun10 juwan510uyun110juwan duin4jakum - juwan510jakum5duinemu1

- jakum8emujakum10duinuyunuyun5emu nadan1sunjaninggun3juweuyun7duin juwan10duinninggun3juwe
- jakum10duinjakum10uyunuyun5emu jakum5ninggun3juweuyun7duin emu7ninggun3juwe
- juwan10duinjakum5uyunuyun5emu nadan1ninggun3juweuyun7duin nadan1sunjajakum10ninggun3juwe
- jakum10duinemu5jakumemu7uyunuyun5emu jakum10jakum10ninggun3juweuyun7duin jakum10jakum5ninggun3juwe
- juwan10duinjakum10uyunuyun5emu emu7ninggun3juweuyun7duin emu7ninggun3juwe
- jakum10duinemu5jakumjakum8emuuyunuyun5emu jakum10duinjakum10ninggun3juweuyun7duin emu7ninggun3juwe
- jakum10duinjakum8emunadan1sunjauyunuyun5emu jakum10nadan1ninggun3juweuyun7duin emu7ninggun3juwe
- jakum10duinemu5jakumjakum10uyunuyun5emu jakum10duinjakum5ninggun3juweuyun7duin jakum10nadan1ninggun3juwe
- emu7jakum10uyunuyun5emu jakum8emuninggun3juweuyun7duin jakum5ninggun3juwe
- juwan ilan1duinnadan1sunjauyunuyun5emu jakum10jakum10ninggun3juweuyun7duin jakum10jakum8emuninggun3juwe
- jakum10jakum5uyunuyun5emu jakum10duinninggun3juweuyun7duin jakum10duinemu5jakumninggun3juwe
- jakum10jakum10uyunuyun5emu nadan1sunjaninggun3juweuyun7duin jakum10duinninggun3juwe
- juwan ilan1duinnadan1uyunuyun5emu jakum10duinemu5jakumninggun3juweuyun7duin jakum10duinninggun3juwe
- jakum5nadan1uyunuyun5emu jakum8emuninggun3juweuyun7duin jakum10duinnadan1ninggun3juwe
- jakum10duinnadan1sunjajakum8emuuyunuyun5emu jakum10duinjuwan10duinninggun3juweuyun7duin jakum10duinjwan10duinninggun3juwe
- jakum10duinjakum10jakum8emuuyunuyun5emu jakum10duinemu7ninggun3juweuyun7duin jakum10duinjakum8emuninggun3juwe
- jakum10duinjakum8emujakum5uyunuyun5emu nadan1sunjaninggun3juweuyun7duin nadan1sunjanadan1sunjaninggun3juwe
- juwan ilan1duinemu5jakumuyunuyunuyun5emu nadan1ninggun3juweuyun7duin nadan1ninggun3juwe
- nadan1sunjaemu5jakumuyunuyun5emu jakum10ninggun3juweuyun7duin nadan1sunjaninggun3juwe
- nadan1sunjajakum5uyunuyun5emu jakum5ninggun3juweuyun7duin jakum10jakum8emuninggun3juwe

- jakum10duinjakum10duinnadan1uyunuyun5emu jakum10duinjuwan ilan1duinninggun3juweuyun7duin jakum10juwan10duinninggun3juwe
- jakum10duinjakum10duinjakum10uyunuyun5emu jakum5ninggun3juweuyun7duin nadan1ninggun3juwe
- jakum10duinemu5jakumuyunuyun5emu jakum10duinninggun3juweuyun7duin jakum10duinjuwan10duinninggun3juwe
- jakum10duinnadan1jakum5uyunuyun5emu jakum10duinninggun3juweuyun7duin juwan10duinninggun3juwe
- jakum10duinnadan1jakum10duinuyunuyun5emu jakum10nadan1sunjaninggun3juweuyun7duin nadan1sunjajakum5ninggun3juwe
- jakum10duinjakum10nadan1sunjauyunuyun5emu jakum5ninggun3juweuyun7duin jakum10duinjakum5ninggun3juwe
- juwan10duinjuwan10duinuyunuyun5emu jakum10ninggun3juweuyun7duin jakum10duinemu7ninggun3juwe
- emu7emu5jakumuyunuyun5emu jakum10duinjakum10ninggun3juweuyun7duin juwan10duinninggun3juwe
- jakum10duinjakum10duinjuwan ilan1duinuyunuyun5emu jakum10ninggun3juweuyun7duin jakum10duinninggun3juwe
- emu7juwan10duinuyunuyun5emu jakum10ninggun3juweuyun7duin juwan ilan1duinninggun3juwe
- jakum5jakum10uyunuyun5emu jakum8emuninggun3juweuyun7duin juwan10duinninggun3juwe
- jakum10duinjuwan ilan1duinuyunuyun5emu juwan ilan1duinninggun3juweuyun7duin jakum10nadan1sunjaninggun3juwe
- jakum10duinnadan1emu7uyunuyun5emu jakum10duinjakum10duinninggun3juweuyun7duin jakum8emuninggun3juwe
- jakum10duinjakum5nadan1sunjauyunuyun5emu jakum10nadan1sunjaninggun3juweuyun7duin jakum10juwan10duinninggun3juwe
- jakum10duinnadan1sunjajakum5uyunuyun5emu jakum5ninggun3juweuyun7duin jakum10juwan10duinninggun3juwe
- jakum10duinnadan1sunjanadan1sunjauyunuyun5emu jakum10duinninggun3juweuyun7duin jakum10duinnadan1sunjaninggun3juwe
- jakum10duinnadan1sunjauyunuyun5emu nadan1ninggun3juweuyun7duin jakum10duinjuwan10duinninggun3juwe
- nadan1jakum5uyunuyun5emu juwan10duinninggun3juweuyun7duin jakum10emu5jakumninggun3juwe
- jakum10duinjakum5uyunuyun5emu jakum10emu5jakumninggun3juweuyun7duin nadan1ninggun3juwe
- emu7uyunuyun5emu juwan ilan1duinninggun3juweuyun7duin jakum10juwan10duinninggun3juwe

참고 사이트

https://www.tradestudy.co.kr/
http://www.hash.kr/
https://www.youtube.com/user/richcampgo
https://www.youtube.com/user/dexter16841
https://www.youtube.com/channel/UC9ZM3N0ybRtp44-WLqsW3iQ
https://alternative.me/crypto/fear-and-greed-index/
https://trends.google.co.kr/trends/?geo=KR
https://coinpick.com/
https://ko.wikipedia.org/wiki
https://www.upbit.com/home
https://www.bithumb.com/
https://coinone.co.kr/
https://kr.tradingview.com/
https://news.joins.com/article/22585796
https://keumjeon.tistory.com/26
https://blockinpress.com/archives/40118
https://blog.naver.com/cignakorea/220858367115
https://medium.com/
https://www.ted.com/talks/neha_narula_the_future_of_money?language=ko
https://www.yna.co.kr/view/AKR20201207072800009
https://www.wikitree.co.kr/articles/598569
https://steemit.com/tooza/@jongsiksong/7bctqi
https://ko.wikipedia.org/wiki/%EC%A0%9C%EB%A1%9C%EC%84%AC_%EA%B2%8C
%EC%9E%84
http://www.busan.com/view/busan/view.php?code=19981124 000700
https://dcabtc.com/
https://www.instagram.com/com_cash/
https://99bitcoins.com/bitcoin-obituaries/
https://dogecoin.com/
http://www.segye.com/newsView/20201117511570

생애처음

주식보다 쉬운 암호화폐 투자법

비트코인

초판 1쇄 발행 2021년 3월 30일
초판 2쇄 발행 2021년 4월 10일
초판 3쇄 발행 2021년 4월 20일
초판 4쇄 발행 2021년 5월 28일

지은이   홍지윤
펴낸이   박정태
편집이사   이명수   출판기획   정하경
편집부   김동서, 위가연
마케팅   박명준, 이소희   온라인마케팅   박용대
경영지원   최윤숙

펴낸곳   북스타
출판등록   2006. 9. 8 제313-2006-000198호
주소   파주시 파주출판문화도시 광인사길 161 광문각 B/D
전화   031-955-8787   팩스   031-955-3730
E-mail   kwangmk7@hanmail.net
홈페이지   www.kwangmoonkag.co.kr
ISBN   979-11-88768-36-3   13320
가격   14,000원